U0964097

中小学教育理论与实践书系

课例反思导向下

初中英语教师专业发展的实践研究

钟燕青◎著

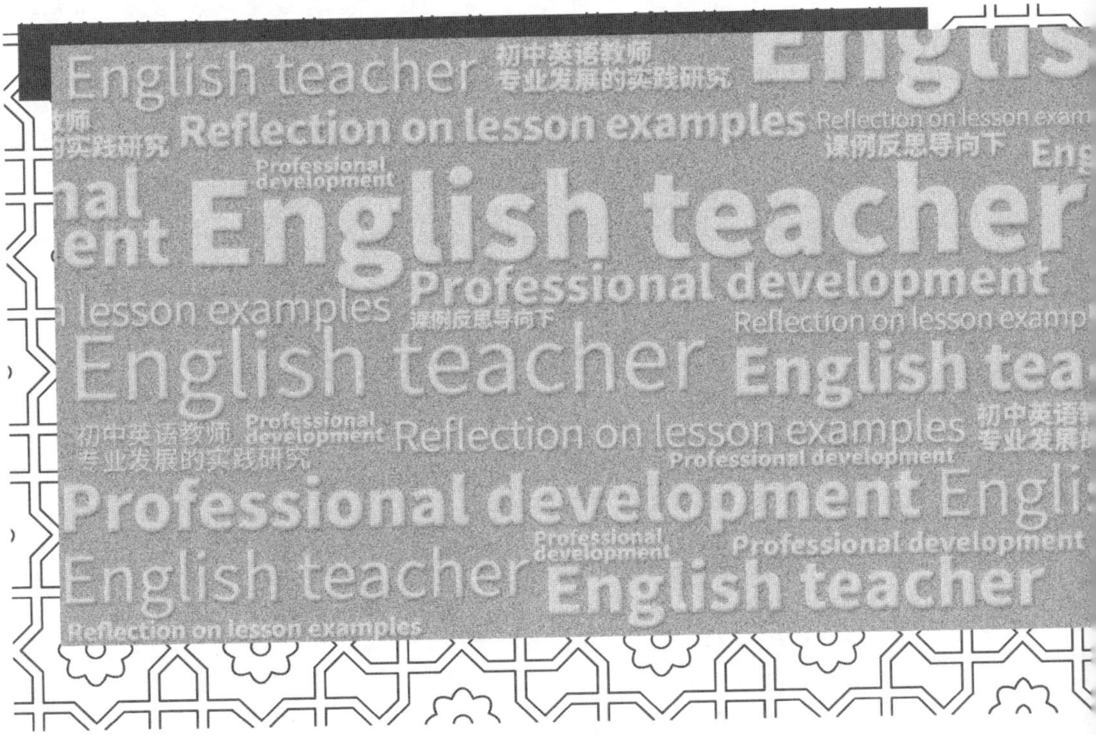

中国出版集团有限公司
世界图书出版公司
西安　北京　上海　广州

图书在版编目（CIP）数据

课例反思导向下初中英语教师专业发展的实践研究 / 钟燕青著. —广州：世界图书出版广东有限公司，2023.11
ISBN 978-7-5232-0934-9

Ⅰ. ①课…　Ⅱ. ①钟…　Ⅲ. ①英语课—教学研究—初中　Ⅳ. ①G633.412

中国国家版本馆CIP数据核字（2023）第212899号

书　　名	课例反思导向下初中英语教师专业发展的实践研究 KELI FANSI DAOXIANG XIA CHUZHONG YINGYU JIAOSHI ZHUANYE FAZHAN DE SHIJIAN YANJIU
著　　者	钟燕青
策划编辑	华　进
装帧设计	传欣设计
出版发行	世界图书出版有限公司　世界图书出版广东有限公司
地　　址	广州市海珠区新港西路大江冲25号
邮　　编	510300
电　　话	020-34203432
网　　址	http://www.gdst.com.cn
邮　　箱	wpc_gdst@163.com
经　　销	新华书店
印　　刷	广州市迪桦彩印有限公司
开　　本	787 mm × 1 092 mm　1/16
印　　张	11.5
字　　数	184千字
版　　次	2023年11月第1版　2023年11月第1次印刷
国际书号	ISBN 978-7-5232-0934-9
定　　价	33.50元

版权所有　翻印必究

（如有印装错误，请与出版社联系）

序 言

广东省中小学名教师工作室是区域教师队伍建设的作坊，是省级骨干教师培养对象专业成长的研训基地。自2015年至今，广东省钟燕青名教师工作室一直走在探寻初中英语教师专业发展的道路上，开展基于“学习共同体”建设的研训模式，做到以研促教、以研促学，有效提升入室研训的质量，先后完成了三轮工作室带岗任务，培养了63名省市级初中英语骨干教师。工作室充分发挥团队的示范、引领和辐射作用，大大促进省级入室学员及区域学校青年教师的专业发展。

回顾工作室揭牌之初，为确立室本研修主题，做好入室学员的课程建设，完善研训体系，工作室申报了广东省教育科学“十三五”规划2017年度中小学教师教育科研能力提升计划重点项目“课例反思导向下初中英语教师专业发展的实践研究”（课题批准号：2017ZQJK023）。自此，工作室团队以项目为驱动，以问题为导向，立足课堂教学，围绕“课例反思研究”的核心主题，对入室学员开展“深度教学、反思学习、项目科研”的系列研修活动，通过分工合作、资源共享、优势互补、经验分享、观察指导、思想碰撞、主动质疑、问题解决、重构生成、应用推广等实践研究，引导教师做问题的发现者、话题的研究者和问题解决的探寻者，从而收获专业发展的满足感和成就感。

杏坛尽芳菲，薪火续相传。经过两年多实践与探究（2017—2020年），课题组取得了丰硕的成果，完成了一系列优秀的教学课例。依托课例反思研究，课题组主持人积极参加广东省教育厅及广东省中小学百千万人才培养工程项目执行办公室组织的“走进乡村送教活动”到阳春、肇庆封开、茂名化州等地送教送研、与乡村教师结对子；参加地市“振兴乡村教育——名师送教下乡”活动；为强师工程省级培训项目“乡村教师访名校培训班”讲学；课题组部分成员远赴广西崇左市大新县民族希望中学送教送研，到五邑各市、珠海、湛江、河源东源、梅州等地各校开展送课交流活动，课例反思的研究也逐渐由横向走向纵深发展，成效更备受关注。

课堂教学、反思学习、项目科研三者贯穿于教师的整个职业生涯。“教”是围绕单元主题进行的课堂教学，“学”是教师周期内或长期的群体学习和个人自我反思与改进，“研”是围绕教与学展开的过程性研究。因此，在新一轮工作室的研训中，我们结合了课例反思研究对集体研修的助推作用，继续探寻“教—学—研”深度融合促进初中英语教师专业发展的有效途径和方法，促使入室学员在周期研训学习中，以“教”为载体、“学”为纽带、“研”为中枢，在“教中学、学中研、研中教”的循环过程中促进教学、研修和科研的有机融合，提升团队及个人的研究力和学习力，促使教师向学习型、研究型教师转变。

八年来，工作室的入室学员轮了几番。我们始终怀抱梦想，勤自省、多思考、巧钻研，不断对自己的课堂教学过程及教学理论进行批判反思，改进教学，并在教学实践与反思不断循环发展的过程中提升职业的判断能力和思考能力，进而引起行动和变革。课例反思研究促使入室学员在专业路上携手共进，互通互融，保持教学的活力，纷纷迈上了教育生涯的又一阶梯。我们，终究是有收获了！

教育教学不是重复劳动，它需要与时俱进，需要不断“充电蓄能”。我们要做一个思考者、行动者，方能行稳致远。未来，路虽阻且长，但行不辍，皆可期！

钟燕青
2023年11月13日

目 录
CONTENTS

绪　论

高素质人才的培养离不开教育，更离不开教师。《广东省“新强师工程”实施办法》（2021年）及《广东省推动基础教育高质量发展行动方案》明确工作目标：一是到2025年，全省中小学校长、教师、教研员的培养培训体系进一步健全，综合素质、专业化水平和创新能力显著提升，教学实践能力、综合育人能力、自主发展能力和信息技术应用能力普遍增强。二是到2035年，建立符合教育规律的教师发展体系，全省教师综合素质、专业化水平和创新能力大幅提升。健全骨干教师培养体系，建立完善各类教育人才培养梯队，造就一批业内认可、具有社会影响力的名教师、名校长、名班主任，已成为当前师资队伍建设的主要任务及努力方向。

一、问题的提出

中小学名教师工作室作为当前教师发展和教学促进的一种载体形式，是以凝练现代教育思想、提升教学质量和办学品质为主旨，以同一学科领域优秀中青年骨干教师为入室学员，以师带徒为主要培养形式，共同开展基于线上和线下的学科研究、教改探索和教学反思的实体与网络相结合的新型工作室。其价值意义在于对基层教育教学工作的示范、汇聚和引领作用。通过工作室的建设和培养，可以进一步提高名教师的专业水平和综合素养，带动一批骨干教师群体研修，形成整体推进、共同提升的专业成长良性发展机制。

近年来，纵观校内外的一些英语教研活动，总体上教师的专业素养及专业水平都有了明显提高。不论青年教师还是骨干教师，如何对自己固有的专业化能力进行思考，恒常地学习补充学科知识和专业知识；如何利用课堂主阵地，优化教学，提升教学质量，是一项具有挑战性的课题。而基于课堂教学的课例与反思研究恰是很好的抓手。英语教师积极开展基于有效课堂教学的课例与反思的实践研究，探索改进课堂教学策略，可以逐步提升专业化发展水平。

二、研究综述

（一）国外研究现状述评

在国外，课例研究始于20世纪60年代的日本，因对日本的教育教学和教师专业发展具有显著促进作用而被世界各国研究者们关注并借鉴引入。课例研究之所以在日本的中小学蓬勃发展，其重要原因是课例研究对教师的专业发展非常有帮助。尽管课例研究很耗时间，但它可以让教师很清楚地认识到自身的长处和不足，并且获得改进他们教学技能的实践智慧。

美国自20世纪80年代引入课例研究后开展了大范围的实验，更表现出有别于日本的价值取向。有效的课例研究给学科教师提供了很多方面的机会，促使教师深入思考所教的特定内容，帮助他们发现和弥补个人学科知识的不足，给他们提供一个有意义的情境区寻求更深刻的理解，与同伴进行更广泛的交流。美国新墨西哥州在应用课例研究时，把握课例研究的主要特点是以教学为中心、以教师为驱动、学校为本、专家辅助、基础支持。日、美的这些研究为本课题的实践提供了有力的理论依据。

（二）国内研究现状述评

当前我国基础教育已经由以数量发展为主过渡到以质量提高为主的内涵发展阶段，课改的重心更是集中到教师的专业发展和课堂教学方式的改革上来。而课例反思研究是基于课例的行动研究，是基于具体学科和问题的实践研究，是对真实的课堂教学过程所开展的合作性研究，强调教师在合作中的主动建构和在研究中的反思实践，是校本研究的重要形式，是教师教育的重要组成部分。

大量的研究和实践表明，课例研究能成为将校本教研制度建设延伸到以校为本的课堂教学改进上来的有效载体，应该成为下阶段推进校本教研工作的重要抓手。强校先强师，只有把新课改的目光聚集到课堂上来，对课堂进行科学式探究，才能更具体、更有效地促进教师的专业化发展。

三、课例反思研究的主要特征

课例反思研究是一种以实际课堂教学为例，通过深度思考、反思和实践，不断提高教学质量和增强教学效果的研究方法。有效的课例反思研究有何特征？学者们就此展开了广泛探讨，其中被广为接受的有以下几点：

（一）目标明确

课例反思研究需要有明确的目标，包括研究什么问题、达到什么目的、解决什么问题等。目标明确有助于后续的策划和实施，使得研究具有针对性和可操作性。

（二）针对实践

课例反思研究应针对实践，以实际课例为例进行反思。通过研究具体的教学课例，可以更好地发现问题、分析问题，并寻找解决方案，使得研究成果更具有实际应用价值。

（三）深度思考

课例反思研究需要深度思考，对实践教学中遇到的问题进行深入探讨，挖掘出其中的原因和根源，并寻求相应的解决方案。深度思考能够提高研究的质量和效果，使得研究成果更具有说服力。

（四）整合资源

课例反思研究需要整合资源，包括人力、物力和财力等方面。通过资源的整合与调配，使得研究得以顺利开展，并取得更好的成果。同时，资源的整合也有助于提高研究的效率和增强其效果。

（五）形成共识

课例反思研究需要形成共识，包括教师、学生和社会等方面的共识。通过多方面的讨论和交流，使得研究成果得以被广泛认同和支持，并促使教师改变教学理念和方式，进一步推进教育的改革和发展。

（六）改进教学方式

课例反思研究应改进教学方式，将研究成果运用到实际教学中，并根据实践不断完善和改进。同时，教学方式改进也应体现教师的个人风格和特点，使得教学更加生动、有趣。改进教学方式不仅提高了教学质量和效果，也促进了学生的发展和成长。

（七）增强参与感

课例反思研究需要增强参与感，让更多的教师和学生参与到研究中来。通过广泛的参与，可以促进研究成果的推广和应用，使得教育改革和发展更加具有普遍性和可持续性。同时，增强参与感也有助于提高研究的代表性和可信度。

四、课例反思研究的主要方式

（一）项目驱动

新课程的实施给一线教师带来了巨大的挑战，为使教师尽快适应新课程改革的要求，借助省级初中英语名教师工作室的平台，实验团队务必抓住机遇，以省级重点研究项目为驱动，与一线教师共同开展初中英语课例与反思的理论学习，领悟课例与反思的要求，对不同课型的教学展开课例的过程性研究，反思教学行为，不断改进教学方法。课例反思研究使实验教师真正进入行动研究，在理论水平和专业能力方面得到一定的发展。

（二）专家引领

结合工作室的带岗研训及本项目研究的推进，实验团队多次开展研课活动，并邀请专家学者们亲临现场指导，与一线英语教师一同观课、评课，就“课例与反思”的教学内容的设计、教学活动的组织和实施、教学活动的评价等具体问题进行细致的分析和研究。专家老师们的专业指导让实验教师收获了前沿的理念、信息以及对英语教学独到的见解，引领他们快速成长。

（三）同伴相助

实验团队定期的跟岗研训和不定期的线上学习都会围绕初中英语课堂教学的热点、难点而开展的课例与反思专题研讨活动，活动纪实以工作室公众号文形式发布，与同伴同行们互学交流。此外，工作室团队还组织与其他省市工作室的联动、外出送教交流，与同行们探讨课例教学的经验和做法，共同探索基于课例反思促进初中英语教师专业发展的路径。

五、课例反思研究的主要内容

本项目研究的主要内容是基于初中英语的课例实践与反思研究如何促进英语教师的专业化发展，具体包括四个方面：

第一，直面教师的专业化能力现状，通过课例反思的专业引领，帮助重构专业化体系。

第二，着重课例反思的过程性研究，让教师通过课堂实践和课后反思来检验和调整自己的教学行为，提升教师的专业判断和教学实践智慧。

第三，生成新的课堂教学形态，教师建立以自主更新为方向的专业化发展，形成自己的教学个性化风格。

第四，通过课例反思研究，对骨干教师现有的发展特点及未来的发展需求作出较为完整的、综合的评定，并制定切实可行的教师专业发展的评价机制及管理制度。

六、课例反思研究的目的与意义

（一）研究目的

本课题旨在让骨干教师发挥团队的合作精神，以课例反思作为跟岗实践阶段的研修主题，做到“勤学、乐研、互助、共赢”，以研代训，主动学习，促进自我专业化成长，力争成为师德高尚、业务精湛、充满活力的高素质专业化教师。

（二）研究意义

1. 促进教师专业发展

本课题将分析教师专业发展的需求，通过对授课教师不同课型的课堂教学活动进行分析、整合和反思，使其更深入了解和反思自己的教学行为、学生的学习行为、师生、生生之间的互动、课堂技术的运用等，不断改进、完善专业知识体系，提高专业素养和业务水平，激发教师的主体意识和合作精神，力争成为能适应现代教育需要的教师。以课题带动培训，形成教师专业化学习的共同体、实践的共同体、成长的共同体。

2. 促进学生全面发展

新课程力求让学生真正成为课堂学习的主人，让学生充分感受求知的乐趣，让学生在不断的探究和合作中发现规律，让学生在解决问题的过程中全面提高素质。课例研究有助于教师始终聚焦学生的学习，培养学生的实际动手能力、解决问题的能力和综合能力，还有助于学生审视学习目标，形成正确的学习兴趣、动机、思维习惯、生生合作能力等，让学生体会课堂的妙趣。

3. 促进学校长远发展

学校不仅是学生学习的场所，也是教师成就教育事业、不断学习和提高的场所。课例反思研究在于探索新形势下提升教师专业发展的新策略，丰富教师专业发展的内涵；有利于学校教研的深化，使校本教研更有意义，使学校课例资源更加丰裕，形成有特色、有生机的教研活动，促进学校教学质量的提高。

第一部分

基 础 篇

专题一　教师专业发展概述

教师是职业，更是事业。选择了教师这一职业，要成就一番事业，就要选择终身学习。如何将自己发展为一名专业的教师？新的课程改革给教师们带来新的要求，教师专业发展已日益成为教师们关注的热点话题。

一、教师专业发展的历程

关于教师专业发展理论，比较系统而全面的研究始于20世纪60年代的美国，七八十年代兴盛于欧美各国。一般认为，20世纪60年代末美国学者费朗斯·福乐（Fuller）编制的《教师关注问卷》，被认为是开始了较为系统深入的对教师专业发展相关问题的研究。20世纪80年代以来，教师专业发展成为许多国家关注的中心和焦点，教师专业发展运动由此兴起。在这场运动中，各国政府不仅在观念上重视教师专业发展，而且在实践上试图通过改进教师职前教育、提高教师专业标准、完善教师在职继续教育、提升教师专业地位等途径来推动教师专业发展。

对于教师专业发展的界定，Hargreaves & Fullan认为，教师发展可以从知识与技能的发展、自我理解和生态改变三个方面来理解。Hargreaves还认为，教师专业发展不仅应包括知识、技能等技术性维度，还应该广泛考虑道德、政治和情感的维度。Evans则提出教师发展最基本的是态度上和功能上的发展。前者是教师在态度上的改变过程，后者是专业表现改善的过程。其中态度上的发展包含智识性发展和动机性发展；功能上的发展体现为程序性发展和生产性发展。

到目前为止，人们对“教师专业发展”概念的理解各有不同。但是，一般而言，教师专业发展从研究取向上可以有两种取向：一是将教师所从事的职业作为一门专业，研究其发展的历史过程，尤其是研究教师群体专业地位和权利的提升；二是将教师专业发展理解为教师由非专业人员成为专业人员的过程，因此重点研究教师个体层面专业素养和能力的提升。

20世纪90年代末，我国师范院校逐步形成了开放的教师教育系统。1994年1月开始实施的《中华人民共和国教师法》第一次在法律上确认了教师专业地位，其中规定“教师是履行教育教学职责的专业人员”，并从社会分工角度来看教师这一专门职业的专业性要求。1995年，我国建立了教师资格证书制度，1998年教育部在6个省（区、市）进行教师资格认定试点工作。2011年颁布《教师教育课程标准》；2012年颁布《幼儿园教师专业标准》《小学教师专业标准》《中学教师专业标准》；到2015年，实行教师教育一体化，助推教师在终身教育理念下，完成教育观念的即时更新、知识结构的即时优化、专业成长与自我实现水平同步提升，并拓展到对全民学习与自我实现的引领与示范。

二、教师专业发展的界定

（一）教师专业发展的概念

教师专业发展就是教师专业成长或教师内在专业结构不断更新、演进和丰富的过程。霍益尔认为，教师专业发展是指教师在教学职业生涯的每一阶段，通过持续的专业学习和实践，逐渐提升专业素养、教学能力、科研能力、职业道德等多个方面的水平，掌握良好专业实践所必备的知识与技能的过程，是由新手教师逐渐成长为一名更加优秀的教育工作者，乃至成长为专家型教师的过程，强调立足于教师内在专业特性的提升及职业专门化规范和意识的养成与完善。

（二）教师专业发展的目标

教师专业发展的目标是提高教师的专业素养和教育教学能力，使其能够更好地履行教育职责，为学生的成长和教育事业的发展做出更大的贡献。它的关注点在于教师的专业发展和成长，注重培养教师的创新能力、实践能力和反思能力。

（三）教师专业发展的内容

教师专业发展大致包括以下几个方面的内容：

1. 专业素养

（1）专业知识：教师必须具备广博的专业知识，包括教育理论、教学方法、学科知识等，以便更好地指导学生的学习。

（2）专业技能：教师需要掌握多样化的教学方法和技巧，能够根据学生的不同特点和学习情况灵活运用，增强教学效果。

（3）专业态度：教师需要持有严谨的教学态度，尊重教育规律，关心学生成长，积极投身教育事业。

2. 教学能力

（1）教学设计：教师需要具备教学方案设计能力，根据教学目标和学生需求，制定合理的教学计划。

（2）课堂授课：教师需要具备良好的授课技巧，能够生动有趣地讲解知识，吸引学生的注意力，提高学生的学习效率。

（3）教学评估：教师需要能够对学生的学习情况进行评估，了解学生的学习进展和问题，及时调整教学策略。

3. 科研能力

（1）科研意识：教师需要具备科研意识，能够敏锐地发现教育教学中的问题，并对其进行深入研究。

（2）科研能力：教师需要具备进行教育科研的能力，掌握科研方法，能够进行数据收集、分析和总结。

（3）科研成果：教师要善于积累教科研成果，积极发表学术论文、研究报告等，为教育教学事业做出贡献。

4. 教育技术

（1）技术意识：教师需要具备教育技术意识，能够认识到技术在教育中的重要作用。

（2）技术能力：教师需要具备运用各种教育技术的能力，如多媒体制作、网络资源利用等。

（3）技术实践：教师需要将教育技术应用到教学中，增强教学效果和丰富学生的学习体验。

5. 课程开发

（1）课程意识：教师应当具备课程开发意识，能够根据学生需求和学科发展开发适合的课程。

（2）课程能力：教师需要具备课程开发的能力，能够参与课程设计、教材编写等。

（3）课程实践：教师需要将开发的课程应用到实际教学中，根据实践效果不断优化完善。

6. 教学评价

（1）评价意识：教师应当具备教学评价意识，能够认识到评价在改进教学方法和增强教学效果中的作用。

（2）评价能力：教师需要具备进行教学评价的能力，能够设计评价标准、收集和分析数据，作出客观准确的评价。

（3）评价实践：教师需要定期进行教学评价，了解学生的学习情况和问题，及时调整教学策略，增强教学效果。

7. 职业道德

（1）敬业爱生：教师热爱教育事业，关心学生成长，全心全意为学生服务。

（2）为人师表：教师以身作则，言行一致，做到举止文明、道德高尚。

（3）公正公平：教师公正公平地对待每一位学生，不偏袒、不歧视。

8. 师生关系

（1）沟通交流：教师需要与学生进行良好的沟通交流，了解学生的需求和问题，积极帮助学生解决困难。

（2）尊重信任：教师需要尊重学生的个性和差异，信任学生的能力，鼓励学生积极参与学习和活动。

（3）情感关怀：教师需要关注学生的情感需求，关心学生的身心健康，营造和谐温馨的课堂氛围。

9. 终身学习

（1）学习意识：教师应当具备终身学习的意识，不断更新知识、提高技能，适应教育发展的需求。

（2）学习能力：教师需要具备自主学习的能力，能够通过各种途径获取新知识、新技能。

（3）学习实践：教师将所学知识应用到教育教学实践中，不断提升教学质量。

（四）教师专业发展的方法

教师专业发展的方法主要包括专业培训、实践探索、科研创新、反思总结等方面。这些方法注重培养教师的实践能力和创新能力，提供多样化的学习方式和培训手段，帮助教师不断提高自身的专业素质和教育教学能力。

（五）教师“专业化”发展

在教育领域中，有别于教师专业发展的是教师专业化发展。教师专业化发展主要是通过提高教师的职业地位和职业声望，使其成为一种具有专业性的职业的过程。它强调的是教师职业的专业化程度，以及教师所具备的专业知识和技能水平。在这个过程中，教师需要不断提高自身的专业素养和教学能力，以获得更高的职业地位和更好的职业待遇。

可见，教师专业发展和教师专业化发展存在一定的区别。教师专业发展更注重教师的全面素质和综合能力的发展，旨在提高教师的专业素养和教育教学能力；而教师专业化发展更注重提高教师的职业地位和声望，旨在推进教师的职业化和专业化进程。实际上，无论是促进教师专业发展还是专业化发展，其目的都是为了共同推动教师职业的发展和进步。

教师是专业人员，教师职业具有专业性，这是教师职业的基本性质。教师职业是以培养人、服务于社会为宗旨的，教师的养成要通过比较长时间的专业训练，他们在自己的专业范围内有一定的自主权力，并且有自己的专业团体。一个懵懂的新手教师逐渐蜕变成一个有专业知识、有课堂经验、懂授课方法的骨干教师，乃至成熟的教育名师、教育专家，需要高远立意于自身的教育教学劳作，深刻洞察课本知识所承载的价值观和心理结构，落实学科核心素养，引领学生的精神世界。同时，还应赋有创新意识和发展内驱力，形成自己独立的教育主张。在这个教育主张的引领下，我们的教师能够一步步深入地反思自己、审视自己，能够在教育教学的道路上不断改进，使自己朝着健康的方向发展，把教育引向广阔的前景。

专题二　教师专业发展的关键问题

教师是教育事业的核心力量，他们的专业发展对提高教育质量和推动教育进步具有至关重要的作用。广东省从2012年起大力实施“强师工程”，经过不懈努力，教师队伍建设取得显著成绩。建设高素质专业化创新型教师队伍是未来十年的主要目标任务。对教师来说，这既是机遇又是挑战。如何促进教师专业发展，快速提升教师的专业素养，需要解决几个关键问题。

一、教师专业培训

教师培训是教师专业发展的基础。良好的培训不仅有助于教师更新专业知识、提高教育教学水平，还能加强教师的职业道德和职业规范，提高教育管理的实践能力和研究能力，帮助他们在职业生涯中取得成功。其关键问题：

1. 如何确保教师培训的有效性和实用性？
2. 如何让教师积极参与培训并从中受益？
3. 如何评估教师培训的效果？

二、专业能力提升

专业能力是教师职业的核心竞争力，是教师胜任教学工作的必备条件。提高专业能力包括教学能力、科研能力、实践能力和创新能力等是教师专业发展的重要方面。其关键问题：

1. 如何提高教师的学科知识和教学理论？
2. 如何培养教师的教育科研能力和解决问题能力？
3. 如何为教师提供专业发展的机会和资源？

三、教学技能改进

教学技能是教师在教学实践中所需要的一项关键能力，是教师的专业技能之一，对于教师进行有效教学至关重要。它涉及一系列的方法和技巧，能够帮助教师更好地传递知识、指导学生，并评估学生的学习成果。其关键问题：

1. 如何提高教师的教学设计能力？
2. 如何培养教师的课堂管理能力？
3. 如何提高教师的教学评价和反思能力？

四、知识储备更新

随着社会和科技的不断发展，知识也在不断更新。教师作为知识的传播者和引导学生探索知识的引导者，需要不断学习和更新自己的知识结构，提高教学质量和增强学生的学习效果，同时也提高自身的专业素养和教学水平。其关键问题：

1. 如何让教师认识到知识更新的重要性？
2. 如何为教师提供知识更新的途径和资源？
3. 如何确保教师具备最新的学科知识和教育理论？

五、教育观念转变

教育观念是影响教师教学行为的重要因素。教育观念包括教师对教育的认识、学生观、教学观等，不仅影响教师的课堂教学行为，还影响教师自身的学习与研究。转变教育观念，推动教育创新是教师专业发展的关键。其关键问题：

1. 如何帮助教师理解并接受新的教育观念？
2. 如何推动教师在教学中进行教育创新？
3. 如何改变教师的教学方式和教育模式？

六、实践教学能力强化

实践教学是教师专业发展的关键要素。教师通过提高教学技能、积累实践经验、加强学生互动、培养问题解决能力、进行教学反思、更新知识和应用教育教学理论等，提高教学质量，促进自我专业发展。其关键问题：

1. 如何为教师提供实践教学机会？
2. 如何评估教师的实践教学能力？
3. 如何提高教师的实践教学水平？

七、教学管理能力提升

教学管理能力是教师有效组织和管理课堂的重要能力。教师需要掌握课程规划、学生参与管理、课堂氛围营造、激励与评价、问题解决与决策、教师领导力和学生行为管理等方面的能力，不断提高自己的教学水平。其关键问题：

1. 如何提高教师的教学规划和时间管理能力？
2. 如何提高教师的课堂组织和管理能力？
3. 如何提高教师的教学评估和反思能力？

八、职业道德修养提高

职业道德修养是教师专业发展的必要因素，它直接影响着教师的教育行为和教学质量。教师须注重自身职业道德修养的提高，以高尚的道德品质和教育信仰影响和教育学生。同时，也提高教师职业的社会认可度。其关键问题：

1. 如何提高教师的职业道德意识？
2. 如何培养教师的职业操守和社会责任感？
3. 如何加强对教师的职业道德教育和宣传？

截至2022年底，我国各类专任教师的数量已达到1880.4万人，但教师的专业素养仍有待提升。首先，我们需要通过深化教育教学改革，提高教师教学质量。这需要我们引导教师积极探索新的教学方法，将课堂教育与现实生活紧密联系，让学生能够学以致用。其次，我们应鼓励教师进行科研创新。只有不断创新，才能使我们的教育事业始终保持活力。此外，我们需要加强对教师的培训和继续教育，让教师在职业生涯中不断提高专业素养水平。

教师专业发展是一项长期的任务，需要我们持之以恒的努力。我们要以“强师工程”为契机，以提升教师的专业素养为核心目标，持续推动教师队伍的专业化发展。只有这样，我们才能在新的时代背景下，为教育事业创造更多的可能。

专题三　初中英语教师专业发展

教学质量是立校之本。学校的发展离不开优秀的教师队伍，而优秀教师的核心能力就是教学能力。依托课例反思研究促进初中英语教师专业发展，将有助于教师们共同探讨和解决教学问题，提升教师整体的教学能力。

一、初中英语教师专业发展的背景

（一）初中英语教师角色变化

在全球化时代，英语作为一种国际交流语言，已经成为教育体系中不可或缺的一部分。随着教育理念和技术的不断发展，初中英语教师的角色也在不断发生变化。

1. 从传授者到引导者

传统的英语教学中，教师往往作为知识的传授者，将教材内容照本宣科地传授给学生。然而，这种教学方式往往使学生处于被动接受的状态，缺乏创新性和思辨能力。如今，教师更多地扮演引导者的角色，通过设置问题、提供资源、引发思考等方式，引导学生主动探索、发现和解决问题，培养他们的自主学习的能力和创新能力。

2. 从单一学科到跨学科

随着跨学科教育的兴起，英语教师的角色不再局限于英语学科知识的传授。他们开始关注与其他学科的交叉点，如文学、历史、科学、艺术等，将英语作为一种工具和桥梁，帮助学生更好地理解和应用其他学科的知识。这种跨学科的教学方式也促进了学生综合素质和跨文化交流能力的培养。

3. 从静态到动态

传统的英语教学往往注重静态的知识传授，而忽视了动态的实践和应用。现在的英语教师更加注重学生的语言实践和运用能力，通过组织课堂讨论、小组合作、角色扮演、演讲比赛等学习活动，让学生在动态的学习过程中锻炼口语、听力、阅读和写作能力。

4. 从单一目标到多元目标

传统的英语教育目标往往局限于语言知识和技能的传授，而忽视了学生综合素质和能力的培养。现在的英语教师更加注重多元目标的实现，包括培养学生的文化意识、思辨能力、学习能力、创新能力等非语言目标。多元目标的教育方式有助于学生的全面发展和培养对未来社会的适应能力。

5. 从单一评价到多元评价

在传统的英语教学中，评价的内容往往以单一的考试成绩为主。这种评价方式过于片面和机械，无法全面反映学生的综合素质和发展潜力。现在的英语教师更倾向于采用多元化的评价方式，如课堂参与度、作业完成质量、团队合作能力、个人展示等，以更全面地评价学生的知识、技能和态度。

6. 从传统教学到数字化教学

随着信息技术的发展，数字化教学已经成为现代英语教育的一个重要趋势。英语教师不再仅仅依赖传统的教材和黑板，而是借助数字技术，如网络资源、多媒体课件、在线学习平台等，为学生提供更加丰富、多样化和便捷的学习资源。数字化教学不仅可以提高教学效率，还能培养学生的信息素养和自主学习能力。

7. 从以教师为中心到以学生为中心

在传统的英语教学中，教师处于中心地位，学生往往处于被动接受的状态。如今，教育理念逐渐从以教师为中心转向以学生为中心，强调学生的主体地位和主动性。英语教师也积极转变角色，关注学生的学习需求、兴趣和个性特点，设计适合学生的教学内容和活动，激发学生的学习兴趣和潜能，促进他们的个性化发展。

以上这些变化反映了英语教育在不断适应时代发展的需要。英语教师也是积极成为教育创新的实践者，勇于尝试，不断探索新的教学方法、技术和评价方式，提高自身专业素养，适应角色变化的需求，提高教学质量。

（二）课程改革与更新

随着教育改革的深入推进，初中英语课程也在不断更新和完善。《2022年版义务教育英语新课程标准》（下称“新课标”）对义务教育英语课程的目标、内容、教学方法和评价方式提出了新的要求，要求英语教师必须适应改革需求，更新教学理念，提高教学质量。教师需要深入理解和把握新课标的理念和要求，将其转化为实际教学行动，增强教学效果。

1. 坚持育人为本

教师要把落实立德树人作为英语教学的根本任务，准确理解核心素养内涵，全面把握英语课程育人价值。引导学生在学习和运用英语的过程中，了解不同国家的风土人情、文化历史，以及科技、艺术等方面的优秀成果，进行中外文化比较分析，拓宽国际视野，加深中华文化理解，增强中华文化认同感，逐步树立正确的世界观、人生观和 价值观。

教师要坚持面向全体学生，充分尊重每一个学生，对学生抱有合理期待，让他们获得积极的学习体验，感受到学习的乐趣和教师的信任，健康、自信、阳光地成长。

2. 实施单元整体教学和语篇研读

推动实施单元整体教学。教师要强化素养立意，围绕单元主题，以单元教学目标为统领，组织各语篇教学内容，规划系列教学活动，实施单元持续性评价，引导学生在学习过程中逐步建构对单元主题的认知，发展能力，形成素养。

深入开展语篇研读。教师要以语篇研读为逻辑起点开展有效教学设计。充分认识语篇在传递文化意涵，引领价值取向，促进思维发展，服务语言学习、意义理解与表达等方面的重要作用。

3. 秉持英语学习活动观组织和实施教学

教师要充分认识到学生是语言学习活动的主体，教学设计与实施要以主题为引领，确保语言学习的过程成为学生语言能力发展、思维品质提升、文化意识建构和学会学习的成长过程，达到在教学中培养学生核心素养的目的。

教师要有意识地为学生创设主动参与和探究主题意义的情境和空间，使学生获得积极的学习体验，成为意义探究的主体和积极主动的知识建构者。

4. 引导学生乐学善学

英语教学不仅要重视“学什么”，更要关注学生是否“喜欢学”，以及是否知道“如何学”。教师要根据学生的认知特点，设计多感官参与的语言实践活动，让学生在丰富有趣的情境中，围绕主题意义，通过感知、模仿、观察、思考、交流和展示等活动，感受学习英语的乐趣。

教师要引导学生采用多种学习方式，发挥自己的优势和特长，发现自己的兴趣和潜能，增强学习效能感；引导学生学会管理自己的学习，明确学习目标，做好学习计划和时间管理，调整学习方法与策略，切实提高学习效率。

5. 推动“教—学—评”一体化设计与实施

教师要准确把握教、学、评在育人过程中的不同功能，树立“教—学—评”的整体育人观念，注重各教学要素相互关系的分析，设计并实施目标、活动、评价相统一的教学，明确教什么、为什么教、怎么教、怎么评等方面的内涵和要求，通过观察、提问、追问，以及合理、科学的测试等方式，收集学生学习是否真正发生的证据，及时反馈，帮助学生达成预设的教学目标，以评促学，以评促教。

6. 提升信息技术使用效益

现代信息技术不仅为英语教学提供了多模态的手段、平台和空间，还提供了丰富的资源与跨时空的语言学习和使用机会，对创设良好学习情境、促进教育理念更新和教学方式变革具有重要的支撑作用。

教师要积极关注现代信息技术在英语教学应用领域的发展和进步，努力营造信息化教学环境，基于互联网平台开发和利用丰富的、个性化的优质课程资源，将“互联网+”融入教学理念、教学方法、教学模式中，深化信息技术与英语课程的融合，为学生搭建自主学习平台。

二、教师专业发展的意义和价值

初中阶段是学生学习英语的关键时期，初中英语教师的专业发展显得尤为重要。它不仅关系到学生的英语能力和未来职业发展，还关系到教育质量的提升和学科建设的发展。

（一）教师专业发展的意义

1. 提高教学质量

初中英语教师的专业发展对提高教学质量有着至关重要的作用。通过专业发展，教师能够学习新的教学理论、方法和技巧，从而更好地满足学生的学习需求，增强教学效果。同时，专业发展的过程也能够让教师不断更新教育观念，推动教育方法的创新，进一步提高教学质量。

2. 提升教师专业技能

初中英语教师的专业发展是提升初中英语教师专业技能的重要途径。在专业发展的过程中，教师将不断提高教学设计、授课技巧、沟通能力等专业素养，不断提高自身的专业能力。通过专业发展，教师能够更好地适应未来的教育竞争，为自己的职业发展打下坚实的基础。

3. 促进学校教育发展

初中英语教师的专业发展能够促进学校教育的发展。通过引进新的教育理念和教学方法，教师专业发展水平不断提升，成就更多的优秀教师，能够促进学校的学科建设，推动学校教育教学水平的提高，还能提升学校的整体竞争力。

4. 满足社会对英语教育的需求

初中英语教师的专业发展能够满足社会对英语教育的需求。随着社会的发展和进步，人们对英语教育的需求日益增长。通过专业发展，教师能够提高英语教学质量，为学校、社会提供更多优秀的英语人才。

5. 提升教师个人价值感

专业发展能够提升初中英语教师的个人价值感。通过不断学习和提高自身的专业素养，教师能够更好地实现自我价值，提高职业满意度和自信心。这对教师的职业发展和个人成长都具有重要意义。

6. 增强团队协作能力

专业发展还能够增强初中英语教师的团队协作能力。在专业发展的过程中，教师将学习如何与同事、科员合作，共同完成教学任务，增强教学效果。同时，通过参与团队活动和实践，教师还能够拓展合作能力，促进相互学习，优者还能做更多的辐射引领，与区域学校更多的英语教师共同成长。

（二）教师专业发展的价值

教师的专业发展对学生、教师、学校以及社会都具有重要的价值。下面我们将从学生成长、教师成长、学校发展、教育进步和社会发展等方面来探讨初中英语教师专业发展的价值。

1. 学生成长

英语教师的专业发展对学生的成长具有重要的影响。通过专业发展，教师能够学习新的教学策略和方法，增强教学效果，为学生提供更优质的教育服务。教师将不断探索如何更好地激发学生的学习兴趣，提高学生的英语学科核心素养，为学生的未来发展奠定坚实的基础。

2. 教师成长

英语教师的专业发展对教师的成长也具有重要的影响。通过专业发展，教师能够不断学习和掌握新的专业知识和技能，提高自身的教学水平和职业能力。同时，专业发展还能够增强教师的自信心和职业满意度，为教师的职业发展提供更多的机会和挑战。通过不断学习和实践，教师将逐渐成长为具备教学能力、研究能力和管理能力的学习型、专家型人才。

3. 学校发展

英语教师的专业发展对学校的发展也具有重要的作用。英语教师是学校教育工作的核心力量，通过学习新的教学策略和技巧，更好地激发学生的兴趣，提高他们的学习效率。英语教师通过学习和探索新的教学材料和方法，丰富学校的特色英语课程资源，为学校的课程建设增添活力，从而推动学校英语学科整体教学水平的提升。

4. 教育进步

初中英语教师的专业发展对教育进步也具有积极的影响。通过教育教学实践和专业研究，尤其是教师参加各级各类的专项培训，在专业发展的最近发展区，能够探索出更符合学生需求和教育改革要求的教学方法和策略，推动教育质量的不断提高。同时，教师的专业发展还能够促进教育均衡发展，提高教育资源的利用效率，有效促进教育事业的可持续发展。

可见，英语教师的专业发展对学校的整体发展具有重要的推动作用。学校应该重视并支持英语教师的专业发展和职业成长，为其提供良好的条件和支持，推动教师队伍的持续发展和进步，为初中英语教育的发展注入新的活力。

专题四　教师专业发展的现状及对策分析

教育要发展，教师要先行。教师的专业化程度是教育质量的关键性因素。随着广东省“强师工程”的持续推进，关注青年教师专业成长、创新骨干教师培训模式、建设高素质专业化教师队伍不断被提到议事日程。中小学名教师工作室作为名师成长的孵化器，要充分发挥品牌辐射作用，充分发挥工作室主持人在当地教育教学改革和指导青年教师成长方面的引领、示范和带动作用，为促进中小学教师队伍建设做出积极的贡献。基于此，名教师工作室作为各级骨干教师的培养基地，以问题为导向，项目为驱动，聚焦课堂，积极探索课堂教学新模式，提升实验教师的思辨和实践能力，助力教师的专业成长。

教师专业发展是教师的专业理念与师德、专业知识和专业技能不断更新、丰富和发展的过程。根据教师专业化发展的基本构成，项目组设计了相应的调查问卷，向珠三角及粤东西地区初中英语教师代表发放问卷，短时间内回收有效问卷共288份，对采集的数据进行了处理和分析，同时对部分教师进行了实地访谈。调查数据基本反映了各地初中英语教师专业能力的实际状况，结合数据，再进行深入的现状分析及对策探究，以课例反思为导向，加强教学理念的学习、课堂教学的研磨、教学成果的凝练、研修方式的多元渗透，为入室骨干教师的专业能力提升搭建成长的平台。

一、教师专业发展的基本现状

（一）调查对象

本次调查范围没有定点某一片区学校，而是以微信链接方式发放问卷，覆盖了省内外初中英语教师代表，从回收的288份有效问卷的IP来源得知，参与问卷的调查对象有本市内教师60人，约为21%，省内市外教师213人，约为74%，省外教师15人，约为5%，教师的专业化发展情况受到一定的关注。调查对象中，有新进教师、骨干教师、优秀教师、名教师代表等，其中有15年教龄以上的中青年教师占49.31%，青年教师代表占38.54%，以及3年教龄以内的新进青年教师占12.15%。大家虽然年资不一，但对教师专业化发展充满期待，希望更多地了解英语教师在专业思想、专业知识、专业能力等方面的发展动向。

（二）调查结果分析

由于教师专业化发展具有一定的广泛性和多维度性，所以本次问卷的设计大概从职业认知、专业技能、专业发展路径等展开调查，以便有针对性地做好对策研究。

1. 职业认知情况分析

选择了教师这一职业，就选择了终身学习。一名教师从生疏到熟练，从随意到规范，从称职到优秀，其专业化成长始终贯穿其中。对于教师职业生涯规划，调查显示，90.97%的教师有相应的学习规划，98.26%的教师关注到需要不断提升教学技能，85.76%的教师会确立科研目标，86.46%的教师会关注自己的个人修养，还有过半教师会把人际交往和业余爱好纳入职业生涯规划中来，更有教师把事业心、应急技能、心理素质等也纳入其中。可见，当今的教师不再只愿当纯粹的教书匠，而是具有一定的思想和眼界、对职业的整个过程都有一定的规划和期许的新时代教师，他们寻求自我，不断发展，突破自我。

2. 专业技能情况分析

要促进教师的专业发展，必须围绕教师专业技能进行解构。综合学者们对该问题的研究，大致认为教师专业技能是一系列教学行为方式和心智活动方式的整体体现，是教师在已有知识和经验的基础上形成和发展起来的。常规性的教师专业技能包括备课、教学设计的撰写、课堂教学的掌控、教学方法的使用、语言表达、教学媒体的选用、学法指导、检查学习效果、说课与听评课、教学评价、教学反思和教学研究。而课例反思研究几乎涵盖了以上的专业技能，可以全方位地对教师的专业能力进行检视和补充完善，这也是教师选择做好课例反思的初衷。

教师专业技能的核心能力是教学能力。提升学科教学知识，是教师专业发展的关键。本问卷中关于“如何上一节好课”的调查结果显示，96.18%的教师认为一定要精细备课，97.92%的教师表示非常关注教学活动的流畅性和教学活动之间的衔接性，76.39%的教师会注重多媒体技术对教学的支持，88.19%的教师重视教学的生成，让人意外的是仅有62.15%的教师会认为详实的教案也是上好一节课的前提，原因是调查对象中有相当一部分是年资较长的教师，他们会更多地关注对课堂的掌控和教学的生成，而淡化了教案的作用。

教师业务与素质的提升离不开课堂教学实践。开展课例反思研究，其基点是聚焦自身的教学问题，反思是主要的研究过程。为此，我们对教师的教后反思习惯及反思能力也做了相应的调查，大部分教师都表示经常对教学进行自我反思，并不断改进教学。这表明当前教师有研究的心态和意向，都比较善思好学，这样的教师团队若能开展课例反思研究，专业能力一定有较大的提升。调查显示，有49.31%的英语教师了解并撰写过课例反思，还有14.24%的教师参与过相应的评审活动，只有约17%的教师不大了解或不了解何为课例反思，或是不大了解课例反思的结构要素。因此，调查中也设计了问题，了解教师们对课例反思结构要素的认识，教师们普遍都认为课例反思研究应包含教学设计、课堂实录和教学反思，个别教师认为应当还有改进建议、听课老师的评价、学生的反馈等。的确，多维度的教后反思最终目的就是改进自我教学行为。只有立足课堂，才能在实践中反思，在实践中成长。

对于教师的教育教学研究情况，调查显示，调查对象中有52.08%的教师发表过论文、13.89%的教师参与过论文编著，也有29.17%的教师有撰写论文参加评审活动而未发表，表明大部分的教师都能积极发现问题、探究问题和解决问题，他们能查阅相关文献、收集和分析资料，具有较高的教育科研能力；但也有23.26%的教师由于各种原因暂未撰写过论文。教师们都希望学校能建立健全、科学的教科研管理制度、灵活的教师学习研修机制，提供更多供教师学习发展的资源，搭建更多展示教师专业水平的平台。

3. 专业发展路径分析

教师职业从经验化到专业化，需要经历一个发展的过程。近年来随着专任教师队伍的不断扩充，教师的职业认知意识和专业危机感明显增强。调查发现，教师普遍认为自己的专业能力还有提升的空间，其中认为教研能力有待提升的有89.93%，需要改善课堂教学的有80.21%，需要更新课程理念的有76.74%，认为班级管理有待加强的有65.63%等。可见，受调查的教师都诚心看待自己的不足，主动学习、寻求发展的意愿不断增强，纷纷选择不同的个人成长路径，走专业发展之路。都说学习内驱力是专业发展的原动力。调查结果显示，课前课后不断反思、总结经验的教师高达91.32%，经常阅读教学书刊的教师有81.26%，撰写教学日志或教学论文的教师分别有44.49%和64.93%，还有通过录像或录音进行自我观察的教师有48.26%等。这反映了大多数教师比较重视专业能力发展，采用多种方式激发自我学习的积极性，加强理论学习，努力提高专业能力。

教育是一项合作的事业，合作是教师专业素养的重要内涵。绝大部分的教师都愿意通过合作促进自身专业发展，他们认同同事之间的专业交流，乐意选择与同事结伴互助促进专业发展的方式开展集体教研活动，积极参与听课评课的教师有94.79%，开展公开课的教师有87.85%，参与教研活动或学术会议的教师有87.5%，进行经验分享交流或做专题讲座的教师有62.85%。这些教师在合作中主动建构和在研究中的反思实践，是校本研修的重要形式。如何避免教研活动形式化、如何提高校本研修的实效性、如何拓展思路促进教师专业发展等一系列问题正是课题实验组教师们要积极探索的内容。

二、教师专业提升的对策分析

（一）发展需求

通过以上调查及分析得出，教师对职业认知、专业技能、专业发展路径都有一定的认识，同时对改善教学和切实提升持比较积极的态度，从问卷的最后一道开放性调查中看出，当前初中英语教师最大的需求主要有三点：一是希望更新教育理念，掌握更多信息技术，活化课堂，让学生喜欢并且爱上英语课；二是希望可以得到更多供教师学习发展的资源及名师、专家的指引，加强合作，促进教研能力的提升，走好专业发展之路；三是希望减少杂事对教学的干扰，让教师能有更多的时间专注于教学和教研，真正做到教学相长。

（二）对策分析

针对本次问卷调查所揭示的关于教师专业发展的问题与需求，笔者认为，可以开展课例反思研究，以促使实验教师在专业思想、专业知识、专业能力等方面不断完善，主动加快专业成长的步伐。课例反思研究是一种基于专业理论、以解决教学问题为中心的教研模式，其以课例为载体，采用个人反思、同伴相助、专家引领的团队协作方式，围绕“一个主题、二次研讨、三次反思”的实验模式对实验教师的授课展开推进式研究。课例反思研究的过程，是促进教师个人专业发展的一条捷径。

第一，合作共研，促进教师的专业理念提升。

实践得真知。教师的专业思想、专业理念只有在实践探索中才能逐步确立。从课例反思研究中反映出实验教师认同团队合作教研模式，在与备课组、教研组或专家团队一起讨论、交流、研讨的过程中，加深认识和了解中学英语教学的专业性和独特性，强化职业意识。同时，通过共研互学，教师逐渐树立新型的人才观、教学观和评价观，尊重学生个体差异，正确理解和评价学生。再者，课例反思研究也突显教师的主体性，促使教师积极、主动、创造性地学习和探究，更多地思考自我教学形态和教学态度所产生的教学效果。开展课例反思研究，形成学习的共同体、实践的共同体、成长的共同体，既能很好地提高教师自主探究的积极性，又能提升群体实践智慧。

第二，立足课堂，促进教师的专业知识提升。

教师的专业知识是多种多样的，同时也具有鲜明的学科性质，是教师开展正常教学，保证基本教学品质的必备条件。“以学论教”的课例反思实践模式能全面研究学生的学习与教师的教学行为，引领教师精准地提升专业知识。

通过循序渐进的课例反思研究，教师的课程理念由原来的相对单一、固化向多元、开放、融合、生成转变；设计教学活动时更多地考虑学生的探究、参与、合作、交流和创新等多种方式有机结合，创设师生交流、生生互动的课堂氛围，使学生成为学习的主动者；教师作为学习内容和学习活动的组织者，适时调整课堂节奏，恰当评价学生，真正为改善教学工作，激发学习兴趣，提高学生学习能力服务，增强课堂教学效果。因此，做好课例反思研究是教师专业成长的得力抓手，是提高学科专业知识的有效途径。

第三，沉淀生成，促进教师的专业能力提升。

教而不研则浅。教师在一定的教育思想指导下，在已有知识经验基础上，通过实践练习和反思体悟，运用适合学生身心、学识发展的教育教学技能，才能较好地完成一系列的教学任务。课例反思研究就是围绕备课、教学设计的撰写、课堂教学的掌控、教学方法的使用、语言表达、教学媒体的选用、学法指导、检查学习效果、说课与听评课、教学评价、教学反思、撰写论文和做课题研究等开展一系列的课堂教学实效性研究，目的就是要提升教师的专业技能。

课例反思研究每一阶段既反思教学中的亮点及特点，又反思实践中的问题和困难。教师通过分析、记录教学实践中的精彩与课堂生成，从一次次的教学实践与自我反思中不断积累经验与教训，沉淀教育智慧，无不渗透着教师的专业能力水平。借助课例反思研究开展教学问题诊断，注重评价方式的运用，促使教师积极反思，及时调整和改进教学工作，促进自我提高，为其专业发展提供有力支撑。

专题五 课例反思的内涵

但凡上过公开课或参加过优质课的老师都深有体会，一节优质的课例往往是既富有先进的教学理念、实用的技术，又凸显教学的智慧、课堂的灵动，并能在同行中引起一定的回响。这样的课很少是一蹴而就的，大多是经过了好几番切磋、琢磨的历练，更甚者是集集体之智慧而成。授课者在短期内对某一教学问题不断实践、调整、再实践，实质上是通过开展课例反思的研究，提高了对自身专业素养的认识。

一、何为课例

（一）课例的基本涵义

课例是指对一堂课进行课堂教学实录以及以此为基础对这节课进行的阐述，它是真实记录教师课堂教学全过程的一种实用文体，把这堂课的教学过程、方法措施等加以整理写出来，并适当分析与反思。

很多人都把“课例”等同于“案例”，其实不然。严格意义上的“课例”即是课堂教学实例，是一个包含有疑难问题的实际教学情境的描述，是一个教学过程中的故事，描述的是课堂教学过程中“意料之外，情理之中的事”。专业意义上的“课例”是指对一堂课的教学实录所进行的阐释。它强调对上课事实进行详细的罗列以及简要的评析或反思。而泛义上的“课例”是一节节具体的课，并以这些具体的课作为研究对象，强调教研活动的组织，重在取得研究实效，如改进课堂、碰撞思维、提高教师能力等。

泛义上的课例主要包括三个部分，分别是围绕解决教学问题的教学设计、教学实录和教学反思。其中，教学设计是解决问题的方案（教学预期）；教学实录是解决问题的做法（教学生成）；教学反思则描述了教学预期的实现程度，也就是问题解决的效果（教学评价）。

（二）课例的主要内容

教师做课例研究，就是面对一节节具体的课，“以课为例”“以具体的课为实例”作为他们研究的对象。他们重在教研活动的组织，追求研究实效，积极改进课堂、碰撞思维、提高教师能力等。主要包含以下内容：

1. **授课内容分析**。这包括明确教学目标、梳理教学内容、理解难点和重点，以及设计适当的教学活动。

2. **教学方法评估**。对教学策略、教学媒体、教学环境和教学评价的评估。

3. **学生反馈收集**。通过收集学生的反馈，教师可以了解学生对授课内容的掌握情况、对教学方法的满意度以及学习过程中的困难和问题。

4. **教学策略反思**。反思教学策略的适用性、教学活动的逻辑性和教学效果，以找到更好的教学方法。

5. **经验总结与分享**。总结课例反思研究中的经验和教训，与同行进行分享，推广成功的教学策略。

6. **问题整理与改进**。整理反思过程中发现的问题，并制定相应的改进策略。

课例是教师研究课堂、改进教学、促进专业发展的最佳载体之一，可以帮助教师提高教学质量，同时也有助于教师的专业发展和教育理论的不断完善。

二、何为教学反思

（一）教学反思的基本涵义

教学反思是对教学活动进行思考、评估和改进的过程。它包括对教学内容、教学方法、教学策略、学生反馈等方面的反思，目的是提高教学质量，实现更好的教育效果。教学反思的主体可以是教师本人，也可以是其他观察者或参与者。

英语课堂教学是以视听说读写为方式，以设定的话题为导向，通过对教学问题的呈现、描述和研究，揭示教与学改进的过程，讲述教学行为改进背后的观念和认识，形成相对完整的课例。要真正发挥其作用和价值，在做课例研究的过程中，离不开教师的教学反思。教师自觉地把自己的课堂教学实践作为认识对象，进行全面而深入的冷静思考和总结，反思自己教学行为的得失，通过改进教学实践，积极探索与解决教育实践中的一系列问题，进一步充实自己，优化教学。

（二）教学反思的主要环节

教师应明确教学反思在自我成长和专业发展中的重要性。通过对自己教学实践的全过程反思，不断优化教学方法，提高教学质量，进而促进学生的成长和自身的专业发展。

1. 教前反思

在开展教学工作之前，教前反思起着至关重要的作用。其主要内容有：

（1）目标明确：明确教学目标是教前反思的重要环节。教师需要深入思考教学内容和目标，制定合理的教学计划，以确保教学工作的有序进行。

（2）教材理解：深入理解教材是实现教学目标的关键。教师需要仔细研究教材，掌握教材的重点和难点，以便在教学过程中合理分配时间和精力。

（3）教学方法：根据教学目标和教材特点，选择合适的教学方法。教学方法的选择应该基于学生的实际情况和需求，以便增强教学效果。

（4）学生情况：了解学生的基本情况和学习水平是制定教学策略的重要依据。教师应该通过多种途径了解学生的知识水平、兴趣爱好和个性特点，以便在教学过程中做到因材施教。

2. 教中反思

在授课的过程中，教中反思能够帮助教师及时调整教学策略，增强教学效果。其主要内容有：

（1）课堂互动：课堂互动是增强教学效果的重要手段。教师应该关注学生的反应，积极引导学生参与课堂讨论和活动，营造良好的学习氛围。

（2）学生理解：通过有效的互动和沟通，了解学生对知识点的掌握情况，及时调整教学方式，帮助学生更好地理解和掌握知识。

（3）教学效果：根据学生的表现和反馈，评估教学效果，寻找改进的途径。在教学过程中，教师应该时刻关注教学效果，及时调整教学内容与节奏。

（4）教学策略：根据学生的学习情况和反馈，调整教学策略。当发现教学方法不适应学生需求时，教师应该及时调整，寻求更合适的教学方法。

3. 教后反思

在教学工作结束后，教后反思能够帮助教师总结经验教训，为今后的教学工作提供参考。其主要内容有：

（1）教学成果：回顾教学过程中取得的教学成果，总结成功的经验和做法。对取得良好教学效果的教学方法和策略，教师应该加以保持和发扬。

（2）存在问题：反思教学过程中存在的问题和不足，深入分析原因，并提出改进建议。对教学效果不理想的教学方法，教师应该思考如何改进，以增强教学效果。

（3）改进方法：根据教后反思的结果，制定具体的改进方案。教师应该关注教学方法、教材理解和学生情况等方面的问题，提出具有可行性的改进措施，并在今后的教学工作中加以实施。

教前、教中和教后反思是教学过程中不可或缺的环节。教师需要在不同的阶段关注不同的问题，通过反思来增强教学效果，提升专业素养，并为学生的全面发展提供有力支持。

（三）课例反思的基本结构

课例反思是一种通过对实际课堂教学案例的分析和反思来改进教学模式、增强教学效果的反思性研究方法。课例反思的基本结构主要包括教学背景、教学内容、教学方法、设计思路、教学过程、教学结果、教学反思、改进方案等方面。

1. 教学背景

教学背景是进行课例反思的基础，包括学校所教授的课程、教学目标、教学环境等信息。了解教学背景有助于把握教学重点和难点，为后续的教学设计和实施提供基础。

2. 教学内容

教学内容是课例反思的核心，包括具体的知识点、教学素材、教材分析等信息。对教学内容的反思有助于教师更好地了解教材的意图和要求，把握教学重难点和学生需求，进行针对性的教学设计和调整，增强教学效果。

3. 教学方法

教学方法是实现教学目标的重要手段，包括教师采用的教学策略、教学方法、教学媒体等信息。对教学方法的反思有助于教师总结有效的教学策略，为后续的教学设计提供参考。

4. 教学过程

教学是进行课例反思的重要环节，包括教学活动的推进、学生的反应和表现、学习中遇到的困难和问题等信息。对教学过程的反思可以帮助教师优化教学内容，更好地把握学生的学习需求。

5. 教学结果

教学结果是教学目标的达成情况，包括学生的学习效果、教学评价及反馈等信息。对教学结果的反思可以帮助教师发现问题、改进教学。

6. 教学反思

教学反思是课例反思的核心环节，包括对教学的优点和不足的总结、原因分析、改进措施等信息。对教学的反思可以帮助教师发现问题、总结经验，为改进教学提供动力。

7. 改进方案

改进方案是针对教学中的问题和不足提出基于理论指导下的改进措施，包括教学理念的更新、教学思维的转变、针对性的教学策略、学习方式的引导等信息。对改进方案的反思可以帮助教师更好地把握教学改进的方向，优化教学实施过程。

综上，可以发现课例反思是一个全面而深入的研究方法，涵盖了教学过程的多个方面。通过对课例的反思和分析，可以帮助教师发现问题、总结经验，为提高教学质量提供有力支持。因此，课例反思研究对促进教师的专业发展和学生的全面发展具有重要意义。

专题六　课例反思的实践

课例反思研究是一种基于实践性情境的反思性研究方法，旨在通过对实际课堂教学案例的分析和反思，改进课堂教学模式，增强教学效果。它注重教师的教学反思，通过反思发展教师的实践性理论，改进课堂教学的行为方式。课例反思研究可以帮助教师深入理解教学过程，把握教学关键点，提高教学质量，同时促进教师的专业发展和学生的全面发展。

课例反思研究不等同于传统的磨课，它有主攻的主题和方向，立足日常的课堂，聚焦课堂教学中一些典型性困惑或棘手问题。除了有目的的典型研讨、课例叙事、同课异构外，我们还可以对偶发性课例、案例的综述、科研的延伸等进行探究，解决不同层面的具体问题。

对英语教师的课例与反思展开探讨，其目的是充分调动教师的主体作用和合作精神，分析教师专业发展的需求，通过对授课教师在不同课型的课堂教学活动进行分析、整合和反思，使其更深入了解和反思自己的教学行为、学生的学习行为、师生和生生之间的互动、课堂技术的运用等，不断改进和完善教师的专业知识体系，提高专业素养和业务水平，力争成为能适应现代教育需要的教师。

一、模式建构

课例反思是一种以解决问题为中心、以课例为载体，采用个人反思、同伴相助、专家引领的团队协作方式，对英语实验教师的授课展开“三段式”推进研究的教研模式。它能促使实验教师在专业思想、专业知识、专业能力等方面不断完善，主动加快专业成长的步伐。

“三段式”课例反思推进研究是一种更为深入的反思性研究方法，旨在对实际课堂教学案例的渐进式反思和分析，其推进方式分为三个阶段：初始教学行为阶段、重构教学行为阶段和生成教学行为阶段。

（一）初始教学行为阶段

在初始教学行为阶段，教师会确立主题，围绕教学素材进行个人备课，梳理原有的教学方式进行教学活动的设计；开展工作室团队或教研组内说课，小组各成员进行问题诊断，以便为后续的教前反思提供基础。这一阶段的主要目标是了解原有的教学理念、教学方法和教学内容，发现其中的优点和不足之处。

1. 梳理教学理念：教师需要明确自己的教学理念，即对教育的理解和对学生发展的认识，以及在教学中的具体体现。这有助于教师更好地把握教学方向和目标。

2. 分析教学方法：教师需要对自己的教学方法进行分析，包括常用的教学方式、教学策略和技巧等。这有助于教师发现教学中的优点和不足之处，为后续的改进提供依据。

3. 总结教学内容：教师需要对自己的教学内容进行总结，包括教学内容的选取、整合、组织、呈现方式等。这有助于教师了解自己的教学内容是否符合课程要求和学生需求，是否存在不适当之处。

4. 了解学生学习情况：教师需要了解学生的学习情况，包括学生的学习基础、学习风格和兴趣爱好等，尤其是借班上课，这一点非常重要。这有助于教师更好地把握学生的学习需求和特点，为增强教学效果做好准备。

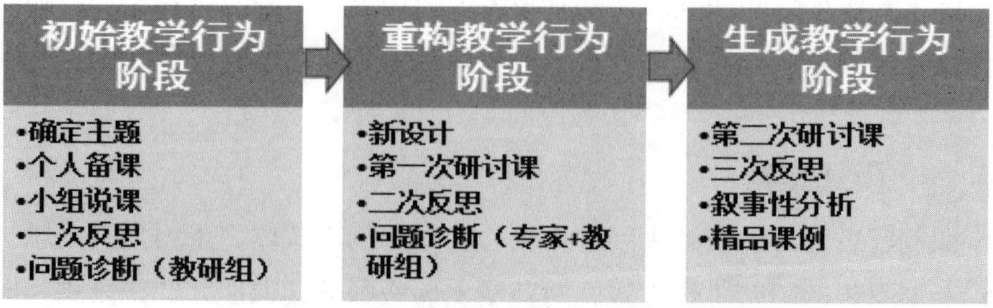

（“三段式”课例反思推进研究）

（二）重构教学行为阶段

在重构教学行为阶段，教师会结合工作室团队或教研组提出的整改办法进行反思和改进，补充和完善教学设计。这一阶段的主要目标是在教学展示中实施新的教学设计，检验教学活动的实施与完成度。教师可以通过对教学方法、教学内容和学生学习情况的反思，找到教学中的问题，并提出针对性的改进措施。

1. **深入反思教学：**教师需要深入反思自己的教学方式，包括教学方法、教学内容和学生学习情况等。这有助于教师发现教学中的不足之处，并提出针对性的改进措施。

2. **寻求专业支持：**教师可以通过向同行、专家或教育学者请教，寻求专业支持和建议，以便更好地改进自己的教学方式。

3. **尝试新的教学方法：**教师可以在实践中尝试新的教学方法，包括启发式教学、项目式学习、合作学习等。通过不断尝试和探索，教师可以发现更适合自己的教学方式，增强教学效果。

4. **调整教学内容：**教师需要根据学生的学习需求和特点，调整和优化教学内容，使其更符合课程要求和学生需求。同时，教师也可以结合自己的教学经验和实践，开发新的教学资源和学习材料。

通过以上措施，教师可以对原有的教学方式进行反思和改进，增强教学效果。同时，教师也可以通过不断尝试和探索新的教学方式，促进自身的专业发展和教学水平的不断提升。

（三）生成教学行为阶段

在生成教学行为阶段，教师会总结和生成新的教学方式，并将其运用于实际教学中。这一阶段的主要目标是总结有效的教学策略和方法，为今后的教学实践提供指导和参考。同时，教师也可以根据总结结果，对自己的教学水平进行评估，进一步提高教学质量。

经过多次的专业引领和行为跟进，教师逐渐更新观念，把握研究的主攻方向，逐步生成专业化的教学行为，形成自己的教学个性，凝练个人的教学风格。

“三段式”课例反思推进研究是一种渐进式的反思性研究方法，可以帮助教师逐步改进和完善自己的教学方式，不断提高教学水平和增强教学效果。同时，这种研究方法还可以促进教师的专业发展和学生的全面发展。

二、实践路径

（一）专业引领，为课例反思领航

为了让课例反思研究能落地生根，课题组邀请了广二师的专业导师李教授为课例反思研究活动把脉，让专家与经验丰富的教师共同指导课堂教学，面对面探究教学中存在的问题，寻求解决方法。组织教师团队到邻近区市、深圳、烟台等地参加专题报告会，深入课堂教学，为课例反思研究助力教师专业发展提供了质的保障。

（二）同伴共研，助课例研究合力

课例反思研究除了实验教师的个体实践外，更强调是群体教师之间的专业互助互学，共同促进。本研究实验教师为本区、市各校的英语骨干教师或学科带头人，通过师徒带学、课例展示的形式，倡导勤学乐研、互助共赢的团队精神，加强了备课组、教研组乃至校校教师之间的合作交流，丰富了教学科研活动，汇编了精品课例和优秀论文集。

（三）送课交流，展课堂教学风采

为了更好地实践和展示课例研究，加强区间学校的联动，课题组教师先后已到区市间六所学校开展一系列的送教送研、同课异构、专题讲座等教研活动，与专家、优秀教师、其他同行们一起听课、辩课、研课，搭建专业成长的平台，让教师们尤其是青年教师切磋交流，相互学习，共同提高教育教学水平。

（四）教学反思，促教师专业成长

“三段式”课例反思研究强调一个主题、二次研讨、三次反思，使教师在学习研讨中形成自觉进行教学反思的理念，要求教师务必写教学后记或研讨随笔，对其教学活动、教学行为进行深入的思考、剖析、反省、更新，再进行新一轮的教学实践和验证，逐渐积累和丰富教学经验和教学智慧。一年实践下来，课题组实验教师中已有三位成功获得省市级课题的立项。

三、实践成效

（一）促进专业理念发展

实践得真知。教师真正的专业成长不在岗前培训或脱产学习，更多的是在教育教学实践中显著提高，只有在实践和探索中才能确立专业思想。专业理念也只有在实践探索中才能逐步确立。教师的专业理念是指教师在理解教育工作本质的基础上形成的关于教育的观念和理性认识。教师的专业思想对其教育教学活动的设计目的、内容、方式、教学效果和专业素养起着决定性作用。

从“三段式”课例反思推进研究中反映出实验教师认同团队合作教研模式，与备课组、教研组或专家团队一起讨论、交流、研讨教学问题，分析并解决问题，注重团队共研和反思性实践，充分发挥教师群体的智慧，加深认识和了解中学英语教学的专业性和独特性，强化职业意识。同时，通过共研互学，能帮助教师树立新型的人才观、教学观和评价观，正确理解和评价学生，尊重学生个体差异，信任学生，促进学生自主发展。再者，课例反思研究也突显教师的主体性，在其形成与展开的过程中，重视自下而上的教师自主管理，促使教师积极、主动、创造性地学习和探究，更多地思考自我教学形态和教学态度所产生的教学效果，彰显学科教学的价值，发展学生的思维能力与创新能力，培养优秀的英语学习者。

（二）促进专业知识发展

教师的专业知识是多种多样的，同时也具有鲜明的学科性质，是教师开展正常教学，保证基本教学品质的必备条件。首先，专业教师应具备一定的教育知识，了解中学生身心发展发展特点与规律，了解中学生思维能力与创新能力发展的过程与特点。其次，专业的英语教师必须拥有扎实而丰富的学科知识，包括英语教学的基本原理和技能、知识体系、基本思想和方法、跨学科知识和社会科学知识等，并与时俱进，虚心学习，不断补充完善，才能更好地引导学生开展学科教学活动。再者，专业的英语教师应掌握娴熟的学科教学知识，了解中学英语新课标，掌握一定的有针对性的教学方法与策略，能做到因材施教，习有所得。

开展课例反思研究能引领教师精准地提升专业知识。通过有效开展“三段式”课例反思研究，实验教师的团队互助共研意识明显加强，并借助群体的力量快速成长；课程理念有了转变，由原来的相对单一、固化向多元、开放、融合、生成转变；设计教学活动时更多地考虑学生的探究、参与、合作、交流和创新等多种方式有机结合，创设师生交流、生生互动的课堂氛围，使学生成为学习的主动者；教师作为学习内容和学习活动的组织者，适时调节课堂节奏，恰当评价学生的参与，或诊断、或纠正、或引导、或激励……真正为改善教学工作、激发学习兴趣、提高学生学习能力服务。因此，搞好课例反思研究是教师专业成长的得力抓手，是提高学科专业知识的有效途径，是落实学科核心素养的重要方面。

（三）促进专业能力发展

教师的专业能力是教师在教育教学活动中基于自身的专业理念和专业知识，所采用的适合学生身心、学识发展的教育教学技能。就英语教师而言，专业能力主要包括教学设计能力、教学实施能力、教学评价能力和教学反思能力。“三段式”课例反思研究从初始教学行为到重构教学行为到生成教学行为，每一阶段既反思教学中的亮点及特点，又反思实践中的问题和困难。教师可以通过分析、记录教学实践中的精彩与课堂生成，从一次次的教学实践与自我反思中不断积累经验与教训，沉淀教育智慧，如教学设计科学合理，教学过程张弛有度，学生主动探究，熟练运用现代化教学技术手段辅助教学，多元评价等，无不渗透着教师的专业能力水平。

很多教师比较看重教学设计能力和教学实施能力，而忽略了教学评价能力和教学反思能力的发展。如果说前二者是教学行为的输入，那么，后二者则是教学行为的输出，更能体现教师的专业化水平。教学评价能力是多维度的，包括对多元评价工具的运用及引导学生自我评价的能力、对教学设计、教学过程及教学效果的终结性评价等，是提高教学质量的重要手段，也为教师的教学反思行为提供了积极有效的数据和信息。借助课例反思研究开展教学问题诊断，注重评价方式的运用，促使教师积极反思，及时调整和改进教学工作，促进自我提高，为其专业发展提供有力支撑。

三、实践意义

关于教师专业发展的研究有很多，以课例反思为导向，促进教师专业发展的具体实践强调教师团队的合作学习，有助于增强教师的总体意识，对教师的专业发展具有较强的助推作用。教师的专业化成长既是教育事业发展的需要，更是教师自身发展的需要。

（一）适合教师专业成长的生态环境已基本形成

课例反思实践是一种新的教师研修方式，也是促进教师专业成长的必由之路。当前，外在环境方面从政策落实、氛围机遇、技术指导、激励机制等都提供了支持性条件。课例反思实践聚集课堂、以研代训，通过不断地解决在教学实践中的实际存在问题，以团队合作的方式进行反思和总结，促进教师自身的学科教学知识发展，提升专业素养。

（二）教师有追求专业成长的强烈愿望

课例反思实践是一种新的专业成长渠道，也是提高教师自身专业素质的捷径。时代呼唤教师专业发展，对教师的专业素质要求越来越高。教师应有职业危机意识，自觉向内涵提高方向发展。课例反思的实践能及时解决教师们教学中的实际问题，不断加强课堂教学实践，完善教师的专业知识。

实践表明，课例反思的实践犹如一支活化剂，很好地激活了教师的教学理念和专业意识，让教师在团队共研的氛围中相互学习、快速成长，重建专业能力，也为学科同行提供可借鉴的研修方式。

专题七　有效备课

备课是教学的重要环节，直接影响着教学质量和学生的学习效果。课例反思研究中最重要的一环就是“一课三备”，即一个教学内容需要经过三次备课，每次备课都有不同的侧重点和目标。这种备课方式可以增强教学效果，更好地满足学生的学习需求。

第一次备课通常是“个人备课”，主要是对教材内容的初步理解和分析，确定教学目标和方法。这个阶段需要深入研读教材，分析其中的重点和难点，并考虑如何通过教学策略和手段来突破这些难点。同时，教师还需要了解学生的学习情况和需求，以便更好地选择教学方法和策略。

第二次备课是“集体备课”，授课者对第一次备课进行说课，备课组以同伴相助的形式，结合学生的实际情况进行针对性的调整和完善。这个阶段需要关注教师的教情及学生的个体差异和学习特点，以便更好地满足学生的学习需求。同时，教师还需要考虑如何更好地运用教学资源，丰富教学内容，使教学效果更好。

第三次备课主要是根据学生的课堂反应和教学评价反馈来进行的。这个阶段需要对教学内容和方法进行更深入的反思和调整，以更好地适应学生的学习需求。同时，教师还需要对学生的学习情况进行及时的反馈和指导，帮助学生更好地掌握知识点和增强学习效果。

做课例反思研究，教师需要不断反思和调整自己的教学策略和方法，以适应学生的实际情况和学习需求。同时，教师还需要关注学生的个体差异和学习特点，以便更好地满足学生的学习需求。教师如何进行有效备课呢?

一、研读课标

著名特级教师于永正先生有一个习惯，总是把课程标准中各学段的教学目标复印下来，贴在备课本的首页上，作为教学指南。随着《义务教育英语课程标准（2022版）》的出台，初中英语教师更应该认真研读新课标，这样才能更好地掌握新课标的内涵和要求，温故而知新，提高教学质量和增强教学效果。怎么研读新课程标准呢?具体读什么呢?

1. 读“前言”：前言部分概述了课程标准的整体框架和基本理念，包括对英语课程性质、课程理念、课程目标等方面的描述。阅读这部分内容可以帮助教师了解课程改革的背景和基本思路，更好地理解课程改革的必要性和重要性。

2. 读“目标”：目标部分详细阐述了各个学段和年级的教学目标，包括语言知识、语言技能、学习策略、情感态度和文化意识等方面。阅读这部分内容可以帮助教师明确教学目标和任务，制定更加科学合理的教学计划。

3. 读“实施建议”：实施建议部分为课堂教学提供了一些具体的教学方法和策略，包括教学原则、教学模式、教学活动等方面的建议。阅读这部分内容可以帮助教师掌握更加灵活多样的教学方法和策略，提高教学效率和质量。

4. 读“附录”：附录部分提供了一些词汇表、语法规则、功能意念等方面的资料，是教师备课和教学的重要参考。阅读这部分内容可以帮助教师更加准确地把握语言知识和技能的教学要求，提高教学质量和效率。

总之，研读新课程标准是初中英语教师专业发展的重要途径。通过深入阅读和理解新课程标准的各个组成部分，教师可以更好地领会课程改革的理念和目标，提高教学能力和水平，为学生的全面发展提供更好的支持和保障。

二、钻研教材

教材是教师落实课程标准要求的基本载体，是最基本的课程资源，也是政策性很强的课程资源。初中英语教师深入钻研教材对提高教学质量和增强学生的学习效果具有重要意义。教师应该怎么研读教材呢？

1. 教学内容分析

在备课时，首先要对教学内容进行分析，包括主题、单元和知识点等。要明确教学内容的难点和重点，掌握教学要求和目的，以便更好地开展教学。

2. 教学目标设定

在备课过程中，要明确教学目标，根据教学内容和学生实际情况设定具体、可操作的教学目标。同时，要确定哪些教学目标与学生考试要求相关，以便更好地帮助学生掌握考试重点和难点。

3. 教学重难点确定

在备课过程中，要确定教学的重难点，针对重难点知识进行深入剖析和讲解，以便更好地帮助学生理解和掌握。

5. 教学过程设计

教学过程设计是备课的核心环节，需要详细设计教学过程中的各个环节，包括引入、呈现、练习和反馈等。要注重激发学生的学习兴趣和积极性，增强学生的学习效果。

6. 教学方法选择

在备课过程中，要根据教学内容和学生实际情况选择合适的教学方法，如讲解、讨论和演示等。要注重发挥学生的主体作用，引导学生积极参与课堂活动。

7. 教学资源准备

在备课过程中，要根据教学内容和学生实际情况准备合适的教学资源，如教材、工具书、多媒体资源等。同时，要注重利用多种教学资源，增强教学效果。

总之，教师在备课中有了对教材的研读、教法的感悟，才能准确地制定教学目标。根据教学目标及学生实际情况，积极地开发和利用教师课程资源。把教师、学生、设备、资料、环境等有利于教学目标达成的各种要素都用来服务教学，服务学生，这样才能让我们的课堂有趣，让教学有料，让知识有灵魂。

三、了解学生

初中英语教师做课例反思研究，备课时需要更加注重学生的因素，做到充分了解学生，以更好地开展教学。

1. 学生特点

了解学生的年龄、性别、性格、兴趣爱好等方面的特点，以便更好地针对学生的特点进行教学。例如对初中的学生，教师可以采用较为生动活泼的教学方式，而对年龄较大的学生，可以更多地采用任务型教学和研究性学习等方式。

2. 学生学习风格

了解学生的学习风格，以便更好地选择教学方法和调整教学策略。例如有的学生更喜欢通过视觉来学习，而有的学生则更喜欢通过听觉或动手实践来学习。教师可以通过采用多种教学方法和手段来满足学生的学习风格需求。

3. 学生英语水平

了解学生的英语水平，以便更好地制定教学目标和教学计划。教师可以通过测试、课堂观察等方式来了解学生的英语水平，并根据学生的实际情况制定不同层次的教学目标和教学计划。

4. 学生学习需求

了解学生的学习需求，以便更好地调整教学内容和方法。教师可以通过问卷调查、个别访谈等方式来了解学生的学习需求，并根据学生的需求调整教学内容和方法，增强教学效果。

5. 学生对英语的兴趣程度

了解学生对英语的兴趣程度，以便更好地选择教学内容和方法。教师可以通过观察、问卷调查等方式来了解学生对英语的兴趣程度，并根据学生的兴趣程度选择相应的教学内容和方法，提高学生的学习兴趣。

6. 学生在课堂上的参与度

了解学生在课堂上的参与度，以便更好地调整教学策略。教师可以通过观察、小组活动等方式来了解学生在课堂上的参与度，并根据学生的参与度调整教学策略，提高学生的参与度。

7. 学生对英语知识的掌握程度

通过课堂观察、作业批改、单元测试等方式了解学生对英语知识的掌握程度，以便教师更好地把握教学进度和调整教学内容。例如教师可以根据学生的测试成绩来判断学生对英语词汇或语法的掌握程度，从而在后续教学中采取相应的措施。

8. 学生对英语技能的熟练程度

通过课堂表现、作业批改、口语表达等方式了解学生对英语技能的熟练程度，以便教师更好地安排实践教学和针对性训练。例如若发现学生在口语表达方面存在困难，教师可以增加口语训练的时间和频次，提高学生的口语表达能力。

9. 学生对英语学习的自信心

了解学生对英语学习的自信心，以便更好地帮助学生建立积极的学习心态。

教师可以通过观察、个别交流等方式了解学生对英语学习的自信心，并给予相应的鼓励和支持，帮助学生建立积极的学习心态，增强学习效果。

四、设计练习

初中英语教师做课例反思研究，需要精心设计堂上练习及课后作业，以帮助学生巩固所学知识、提高英语的综合运用能力。

1. 目标明确

在设计堂上练习及课后作业时，教师应首先明确教学目标，围绕目标选择适合的练习和作业。例如教学目标可以是让学生掌握某个语法知识点或提高学生的阅读理解能力。教师需要仔细研读教材和课程目标，根据目标选择针对性强的练习和作业。

2. 多样性

除了传统的书面练习外，教师还可以设计多种形式的练习和作业，以提高学生的英语技能。例如教师可以布置听力练习、口语表达、阅读理解等不同类型的作业，让学生全面掌握英语技能。同时，多样化的练习和作业还可以增强学习的趣味性，提高学生的学习兴趣。

3. 层次性

针对不同水平的学生，教师需要设计不同层次的练习和作业。对英语水平较低的学生，教师可以布置基础性较强的练习和作业，如单词拼写、短语翻译等；对英语水平较高的学生，教师可以布置更具挑战性的练习和作业，如写作、阅读理解等。这样可以确保所有学生都能得到适当的训练和提高。

4. 应用性

教师设计的练习和作业应具有实际应用性，让学生能够更好地理解英语的实际应用价值。例如教师可以布置情景对话、邮件写作等实践性较强的作业，让学生在实际应用中巩固所学知识。

5. 趣味性

为了让学生能够在轻松愉悦的氛围下学习英语，教师需要尽可能地设计有趣的练习和作业。例如教师可以根据课程内容设计一些具有趣味性的互动性教学活动等，让学生在与同伴合作的活动中学习英语。同时，教师还可以根据学生的兴趣爱好设计不同类型的练习和作业，如听英文音乐、看英文电影等，以激发学生的学习兴趣。

6. 反馈与纠正

通过练习和作业，教师可以给予学生及时反馈，让学生了解自己的不足之处并促进学生进步。在反馈时，教师应先肯定学生的努力与优点，再指出需要改进的地方。同时，教师应鼓励学生进行自我纠正，引导学生发现问题并自主解决问题。这样可以提高学生的自主学习能力。

7. 恰当的评价

教师应对学生的练习和作业进行恰当的评价，以便让学生更好地了解自己的学习情况。在评价时，教师应采用多元化的评价方法，如形成性评价、终结性评价等。同时，教师还应关注学生的进步和努力程度，以鼓励和激励学生为主。此外，教师应对学生的共性问题进行集中讲解和指导，以便学生更好地掌握知识点和提高学习效率。

五、集体备课

在课例反思研究中，初中英语教师将结合授课教师的个人备课进行集体备课。

1. 明确研究问题

集体备课前，备课组教师需要明确研究的问题，这可以帮助授课教师更好地聚焦问题，探讨解决方案。研究问题可以是关于教学内容、教学方法、教学策略等方面的，以优化课堂教学行为。

2. 共同研讨教学内容

集体备课时，教师需要共同研讨教学内容，包括对教学内容进行深入分析，探讨教学内容的重难点和关键点，以及各部分内容之间的内在联系等。

3. 分析学生情况

集体备课时，教师需要仔细分析和了解学生的情况，包括学生的语言能力、学习习惯、学习特点等。通过了解学生的情况，教师可以更好地为学生定制教学方案，针对不同的学生情况进行不同的教学设计。

4. 调整教学策略和方法

集体备课时，教师需要对教学策略和方法进行调整和优化。这可以通过共同探讨、交流教学经验等方式来实现。教师可以借鉴其他教师的教学经验和教学方法，也可以根据学生的实际情况进行个性化的教学策略调整。

5. 完善教学资源

集体备课时，教师可以共同开发和利用更丰富的教学资源，例如制作多媒体课件、开发网络课程、设计练习题和试题、拓展和补充教学内容等，以便更好地满足学生的学习需求和增强教学效果。

6. 反思教学实践

集体备课后，教师需要对教学实践进行反思和总结。这包括观察学生的课堂反应、分析学生的作业情况以及其他反馈渠道来了解学生的学习情况，同时对自己的教学效果进行反思，以便更好地提高自己的教学水平和增强教学效果。

专题八　有效听评课

听课、评课是教研工作的重要一环。如今，《义务教育英语课程标准》(2022版)(下简称“新课标”)已成为深化课程改革的方向标，教材和教学都应当基于新课标下以发展学生的核心素养为纲。围绕新课标的教学建议改进听评课活动，可以有效提高教学质量。

一、从听课到课堂观察

关于听课，比较专业的说法叫课堂观察。我们要把听课活动变得更专业，就要实现从“听课”到“课堂观察”的转变。

观察什么？崔允漷教授曾指出课堂观察的四个维度：学生的学、教师的教、课程实施、课堂文化。这四个维度非常全面地涵盖了课堂观察的主要方面，可以帮助教师全面地了解课堂的教学效果和学生的学习情况，进而为改进教学和提高教学质量提供依据。

1. 学生的学：这是观察的重点之一，观察学生如何参与到学习中，他们的学习过程、方法、态度、情绪反应等。通过对学生学习的观察，可以帮助教师理解学生的学习需求和困难，进而调整教学策略。

2. 教师的教：观察教师如何组织和实施教学，包括教学内容、教学方法、教学策略、课堂管理等。通过观察教师教学的策略和方法，可以帮助教师提高教学技能和效率。

3. 课程实施：观察课程实施的过程和结果，包括教学目标、教学内容、教学方法、教学资源等。通过观察课程实施，可以帮助教师理解课程实施的问题和效果，进而对课程进行改进。

4. 课堂文化：观察课堂文化的元素和特点，包括课堂氛围、师生互动、学习共同体建设等。通过观察课堂文化，可以帮助教师了解课堂氛围和文化建设情况，进而促进良好的课堂氛围的形成。

课堂观察包括课前的准备、课上表现和课后交流三个方面。听课者在课前的准备非常重要，如果不准备，往往收获很有限。比如。如果观察的主题是提问，要把提问解构成若干个观察点：提问的数量、类型、层次，提问的目的指向，提问的方式，学生回答的方式、类型，教师候答的时间，教师理答的方式……

参照崔允漷教授指出的课堂观察四个维度，教师在开展课堂观察时，可以按照以下步骤进行：

1. 明确观察目的：在观察前需要明确观察的目的，比如了解学生的学习情况、评估教师的教学效果等。

2. 制定观察计划：根据观察目的，制定观察计划，包括观察时间、观察对象、观察方式、观察内容等。

3. 选择观察工具：根据观察计划，选择适当的观察工具，如量表、问卷、录音录像设备等。

4. 实施观察：在观察过程中，要保持客观、中立的态度，尽可能全面、深入地观察课堂中的各种现象。

5. 记录观察结果：观察后要及时记录观察结果，包括观察到的各种现象、数据等。

6. 分析观察结果：对记录的观察结果进行分析，整理出有用的信息和数据，对观察到的现象进行解释和评价。

7. 反馈观察结果：将分析后的观察结果反馈给相关的教师和学生，帮助他们了解自己的教学和学习情况，进而为改进教学和提高教学质量提供依据。

二、评课

评课活动是学校教学活动中的重要一环，对提高教师的教学水平和增强学生的学习效果有着重要作用。然而，评课活动也会存在一些问题，有待改进。

1. 散漫化：听评课活动应该有明确的目标和计划，但有时候由于缺乏组织或者参与者的积极性不高，导致整个过程显得松散无力。

2. 表面化：有些听评课活动可能只停留在表面，没有深入挖掘教学中存在的问题，或者只是简单地给出一些一般性的建议，没有实际操作性。

3. 作秀化：有些教师可能把听评课活动当成展示自己的机会，过度表演或者夸大教学效果，使得评价结果不真实。

4. 一刀切：听评课活动应该考虑到不同学科、不同年级、不同学生的特点，但有时候会采用统一的标准和方法，导致评价结果不公正。

5. 无准备：有些听评课活动可能没有提前通知或者准备，导致教师和学生没有做好相应的准备，影响了教学效果和评价的准确性。

6. 少对话：听评课活动中应该有教师和学生的积极参与和对话，但有时候只是教师单方面的讲述，缺乏互动和交流。

7. 欠精细：有些听评课活动的评价标准不够明确或者精细，导致评价结果存在主观性和不公正性。

8. 效率低：听评课活动应该有明确的时间安排和效率意识，但有时候由于环节过多或者时间把控不当，导致无法按时完成整个过程，效率低下。

为改进这些情况，我们可以从新课标中寻找综合的措施和方法，提高活动的有效性、公正性和客观性，促进教师专业发展和教学质量提高。

1. 目标预设和达成

义教新课标明确了义务教育阶段英语学科核心素养是发展学生的思维品质、语言能力、学习能力及文化品格。初中英语教学要关注核心素养政策的落地。因此，英语的听评课不仅要关注具体学科核心素养，还要关注更上位的学生发展核心素养，要更加关注育人价值。听每一节课，都要想一想，这节课这么上有没有育人价值？有什么育人价值？

2. 教学内容

选择什么样的内容来达成目标，应更多地关注核心概念和跨学科概念。有些老师确实关注了学科概念，但一节课下来，往往重点不突出。核心素养是综合性的，跨学科概念对于学生形成核心素养非常重要。听评课活动中，要关注执教教师是否重视了学科核心概念和跨学科核心概念的教学。

3. 教学活动

通过什么样的教学活动来完成教学内容？听评课时应该既关注探究又关注实践。

探究主要是要解决教学内容中“是什么”和“为什么”的问题，是基于文本、分析文本的一种学习；而实践是要超越文本、回归文本的一种迁移应用，是要解决生产、生活中需要解决的实际问题。任何学科的教学都在重视探究的同时也要重视实践。这也是国际科学教育的一个趋势。

4. 教学方式

在情境创设方面，要关注作为导入环节的情境设计到作为问题解决型学习任务的真实情境的转变。过去评价一堂课的情境创设怎么样，往往看导入环节是不是设计得巧妙、生动，是不是能够引起学生的兴趣。但按照新课标的要求，作为情境创设要尽量真实。所谓真实，就是指在现实生活、科学研究中真实存在的情境。

过去，我们关注教师对语言知识点讲解的精准度，一节课下来，往往是教师满堂问，学生只是被动地应付。但按照新课标的要求，我们要培养学生的创新精神、批判性思维，让学生产生疑问、提出问题，然后去分析解决问题。能不能让学生在更多思考的基础上提出问题，应该是听评课重点关注的部分。

5. 教学评价

教师在教学过程中是怎样评价学生的？有哪些手段、做得怎么样？在这方面，听评课要实现从关注评价的促学功能，到关注评价的育人功能的转变。按照新课标的要求，应该更加关注评价的育人功能，通过评价去育人，不仅关注学生对知识掌握得怎么样，还要关注学生在情感方面、观念方面、思维方面的表现。

三、听评课需客观、理性

听评课包括听评课的内容和方法。我们重点探讨如何在听评课时做到科学民主、理性客观。

1. 评课之前要跟授课教师交流，了解教情、考情、学情。新课标下，教师的教师往往会以考定教，再确定以学定教。参与听评课教师最好能提前与授课教师交流，了解授课教师教学活动设计的出发点、所使用的教学方法与策略、目标达成度如何等，再作出正面评论。

2. 评课时应倡导并建设平等、民主、真诚、探讨的教研文化、无论以何种身份进行听评课，在评课的时候，第一，不要总以专家、导师自居；第二，要发动所在区域的其他老师来评。教研活动的组织者可以采取“世界咖啡”式的分组听评课形式，让不同备课组、学校、区域等的青年教师分组合作，各小组要根据分工有侧重地评议，各抒己见，再凝练总结，然后各组分派代表综合本小组的评课结果，围绕观察点一一发言。这样，老师们往往会客观地进行评议课，哪些地方不足、可以怎样改进等，都说得都非常到位，最后组织者总结，综合评议。

3. 拿证据说话，以理服人。实现比较专业的课堂观察，就要挖掘事实（行为）背后的理论（理念）支撑，上升到理论高度来评课。上升到理论之后就能影响教师以后的课堂教学，可以举一反三、触类旁通。同时，关注英语学科的育人价值、生命教育。除了培养学生的语言技能之外，英语学科还承载着发展学生多元能力、提升全球竞争力、弘扬人文精神等育人使命。因此，也可以适当对本课的关联性予以合理建议。

5. 根据场合，尊重授课教师。在评课时，应该尊重教师的劳动成果，不要过于挑剔或过多批评，而是应该以建设性的方式提出自己的建议和意见。评课既要有一定的规范性，又要灵活，突出重点，特别是针对授课教师课堂教学中存在的问题和不足之处进行深入探讨，给出合理的建议和意见，注意避免出现不必要的误解和分歧。

四、一堂好课的标准

什么样的课是一堂好课？这个问题没有标准答案。从应试的角度、从育人的角度，答案肯定不同。不同的学校也会有不同的答案，不同的人、不同的身份，答案也各不相同。

一堂好的初中英语课应该是充实、互动式的，注重语言实践、多样化教学方法，以学生为中心、轻松愉悦且注重学习技巧指导和评估与反馈的。

1. 课程内容充实

一堂好的初中英语课应该具备充实的教学内容，包括词汇、语法、阅读和写作等部分。教师在备课时应针对学生的英语水平，合理安排教学内容，确保每个学生的学习效果。同时，教师还应该注重课程内容的趣味性和实用性，让学生在学习过程中感受到英语的魅力。

2. 互动式教学

互动式教学是上好一堂初中英语课的关键。教师可以通过提问、讨论、互动式讲解等方式，提高学生的参与度和学习积极性。例如教师可以根据课文内容提出问题，让学生用英语回答；或者组织小组讨论，让学生在交流中学习和提高。这种互动式教学方式有助于培养学生的英语口语表达能力，也能帮助他们更好地理解和掌握所学知识。

3. 语言实践

初中英语课应该注重提供学生的语言实践机会。教师可以创设真实的语言场，组织对话、交流活动，鼓励学生用英语提问、回答问题，让学生在真实的语境中锻炼自己的口语和听力能力。此外，教师还可以通过角色扮演、情景模拟等方式，让学生在轻松愉快的氛围中学习和掌握英语。

4. 教学方法多样

一堂好的初中英语课应该采用多样的教学方法，以吸引学生的注意力，提高他们的学习兴趣。例如教师可以利用多媒体教学、多模态教学形式，让学生在自主学习、交流分享中获得多种学习体验。同时，教师还可以根据教学内容和学生的实际情况，灵活运用不同的教学方法，以达到最佳的教学效果。

5. 学生为中心

一堂好的初中英语课应该以学生为中心，根据学生的需求和兴趣来制定教学计划。教师可以让学生参与到教学计划的制定中来，充分听取和尊重学生的意见和建议。这样不仅有助于提高学生的学习兴趣和积极性，还能够让教师更好地了解学生的需求，从而更好地调整自己的教学方法。

6. 课堂氛围轻松

一堂好的初中英语课应该营造轻松愉悦的课堂氛围，让学生快乐学习。教师需要注意自己的语言和态度，多鼓励学生参与课堂活动，多与学生互动。例如教师可以运用幽默的语言、讲趣事、分析时文热点或者分享自己的经历等方式，来缓解学生的学习压力和紧张情绪。此外，教师还可以通过适当的表扬和奖励来激发学生的自信心和学习动力。

7. 学习技巧指导

一堂好的初中英语课应该提供良好的学习技巧指导，让学生更好地学习英语。这包括听力、口语、阅读、写作等方面的技巧指导。例如在听力方面，教师可以教学生如何抓住关键词、推断对话者的意图等技巧；在口语方面，教师可以教学生如何提高发音准确性和流利度、如何表达自己的观点等技巧；在阅读方面，教师可以教学生如何快速浏览文章、如何理解文章的主旨等技巧；在写作方面，教师可以教学生如何构思文章结构、如何提高语言表达的准确性等技巧。

8. 评估与反馈

一堂好的初中英语课应该及时评估学生的学习效果，并给出反馈意见。评估可以采取多种形式，例如课堂表现、作业完成情况、考试成绩等。通过评估，学生可以认识到自己的不足之处，从而有针对性地改进自己的学习方法和技巧。同时，教师也可以根据评估结果及时调整自己的教学方法和策略，以增强教学效果。

“教无定法，教有优法，重在选法，贵在得法”。一堂真正的好课一定是理念新、设计新、方法新的“三新”课堂，一定是能让学生懂得自主学习、懂得追问的课堂，一定是灵动、互动、行动的课堂。为此，教师必须要研读新课标、研读教材，还要认识学生、认识教学，积极投入教科研，积极探索教育教学方法和策略，做到有的放矢、因材施教，才能让课堂更高效。

第二部分

经 验 篇

专题一　课例反思助推教师专业二次成长

教师专业发展是一个永不停止的学习过程。从踏上讲台的第一天开始，教师就不断在学习。职初老师的专业发展，通常是模仿别人的经验，然后逐渐累积经验，最后逐渐形成个人的教学行为和方法。这种“观察—模仿—学习—总结—积累”的成长学习过程，让教师走向专业成长之路。通过这种学习，职初教师能处理好个人的教育教学工作，掌握有效的教学方法，具备比较高的教学水平，有较强的业绩，在团队里逐渐起主干作用，逐步成为骨干教师。

从骨干教师成长为卓越的教师，还需要有教师专业的二次成长。二次成长主要通过理论学习和自我反思来促成，比如阅读专著、听专家报告、参加课例研讨、做课题研究、入室跟岗培训、撰写论文、课例反思、编写校本教材等。卓越型教师不仅清楚个人发展的方向，关注学习个体的核心素养发展，而且还能给予其他老师以专业性的或发展性的指导。以下将从学员视角的课例反思来谈谈教师专业的二次成长。

何为课例反思？课例反思就是以一节具体的课为研究对象进行多次备课、修改和反思，最终形成课例的过程。它的主要步骤是：一次备课，上课，反思；二次备课，二次上课，二次反思；三次备课课，三次上课，三次反思；最后形成课例。如此反复凝练，教师经历不下三次备课和上课，在这个过程中，通过同行不断对课堂教学的观察、教学行为的思考、教学方法的反思，教师的教学行为、学习行为和思维模式都发生了积极的转变。

一、课例反思带动课堂教学模式转变

课例反思就是教师三次备课三次上课的过程。在反复的备课、磨课、上课过程中，教师除了本身上课以外，还必须对每个教学的步骤、教学活动、教学效果进行优化设计、改良并且做好详细的记录。课例反思倒逼教师重视课堂观察，重新审视个人的教学行为以及固有的教学方法。在三次的备课、上课中，通过同伴的交流、专家的指点以及个人的反思，教师不仅优化教学设计和更新了个人的认知水平，更在教学行为上改变一些固化的方法和手段，使之成为更成熟的教学模式。而课例反思带动课堂模式转变，也必然带动课堂教学效果的提升。

与专业一次成长不同，二次成长中的学习，既包括向他人经验的学习，更重要的是对个人的教学行为进行审视，观察个人课堂效果，并作出调整。教师专业一次成长过程中，教师主要通过听课评课，集体备课来学习他人先进经验，上公开课来累积个人经验。这种模仿学习对一次成长有很大的帮助。它可以让职初老师从理论到实践，实现第一次融合，帮助教师形成个人的教学模式或者风格。但是，它并未能大力促使教师反思个人的教学。只有当教师本人针对个人的教学进行反向的思考，审视个人的教学行为、教学模式，这才能促进教师专业的二次成长，并且促使教学达到优化的效果。

以下是一节七年级话题作文“My birthday party”的课例反思研究的过程。

（一）初始教学行为阶段

在这个阶段，教师先预设课堂活动。

课前，教师对学生作文进行逐份批改，并且收集学生作文中常见的错误。授课时，教师选出优秀作文，进行表扬，并且在堂上宣读两篇优秀作文。然后，教师点出学生当中普遍的错误，进行纠正。最后，教师布置同类作文，让学生课后完成。

[反思改进]

教师进行备课时，着重对课堂内容进行安排。在整个作文评讲过程中，都是以老师作主导，学生听和接受，缺乏思考、动手锻炼的机会。教师应该根据学生的特点，精讲多练，让学生在语用中习得语言知识。

（二）重构教学行为阶段

完成一次备课后，教师开始正式上课，并针对教学过程出现的问题作出了修正。

为了让学生对写作有思维建构的过程，需要学生在堂上完成新作文的初稿。课前，教师同样批改学生作文，并对优秀作文进行表彰，朗读两篇范文，然后指出学生共性的错误。教师堂上布置同类作文，引导学生从题目中找出关键词，并且指导学生借助思维导图，列出提纲。最后，要求学生在即堂完成首、尾两段，并抽取三份作品在全班进行即时评价。

[反思改进]

课堂活动增加了学生的动手能力培养，它有效利用开拓了学生的学习能力、动手能力、思维能力。但是，在提高学生整体写作水平和建构学生自我评价体系方面，还未完善且欠缺具体措施。建议增加作文评价的方面的内容。

（三）生成教学行为阶段

[教学过程]

经过修改、完善，教师得出第三套方案，并在另一个教学班进行教学实践。

课前，教师只对学生作文浏览，不作批改。课堂上，教师首先把学生分为四人小组，并分发作文到学生个人。第一步，四人小组内学生按照老师给出的评分标准，对小组内他人作文进行批阅，标注优点，并给每份作文写一个修改建议。第二步，四人小组中推选一篇优秀作文，由组长在全班宣读，并收集组员意见对该作文进行口头评价。第三步，教师选三到四组的代表进行汇报，并当场对小组优秀作文以及小组的汇报情况作出评价。第四步，教师堂上布置同类作文，让学生小组内讨论，然后写出文章的提纲。布置作业，让学生在课后完成作文。

[设计意图]

学生根据作文标准去评价别人的文章，这样有助于学生更明晰作文的要素，了解自身的水平和发展的方向。通过四人小组互相批改作文，并且对优秀作文进行品鉴，学生可从中习得更多好的表达方式，拓宽了思维。这对全面构建学生的学习评价体系起重要作用。最后的作业布置，目的是让学生对本节课所吸收的知识、习得的语言进行重现、巩固，帮助学生内化习得的语言知识和写作方法。

在课例反思过程中，教师的教学行为在不断发生变化，而这些良好的转变是基于对课堂的关注以及从课堂效果出发进行的有益反思。教师重现课堂细节、教学活动，从小处着手，把每个教学的环节以及细节都进行深入研究，最终得出更有效更高效的教学方法。比如在写作评价中，由最初的教师评价，逐步转移到学生的评价。教师通过反思，改变个人的教学行为，从学生围着老师转，变成学生互助互学，发展自我评价体系。教师通过对课堂活动的不断反思，改变了个人的教学行为，同时也促进教学的效能。通过长期的实践和验证，这些方法最终会成为教师的个人教学风格或者模式。

二、课例反思带动教师学习行为转变

教师的专业成长需要理论知识的支撑，尤其是二次成长。在一次成长的基础上，教师逐渐具备比较丰富的实践经验。但是，随着时间的推移，教师的理论知识一点点地固化、被遗忘。在教师专业发展中，如果仅凭个人经验，缺乏理论支撑，教师的教学教研水平将会打折扣，甚至停滞不前。理论知识恰好有力地帮助教师将实践经验提升到理论层次。在理论知识的催化作用下，教师的教学教研水平必定加速提升。

在累积经验阶段，教师可以通过学习、观摩和实践这些方法和手段丰富个人的经验。什么是真正对教学有益的做法？如何才能更有效帮助学生学习？个人的经验有无根据？教师会经常考虑这些问题。正是有疑问的存在，才会引领教师去学习、研讨、探究。而这样的学，不仅仅停留于一次成长过程中的听课、评课。它更多地引导教师去进行理论层面的研究，比如听专家专题讲座，阅读教育专著，做课题研究等理论层次学习和研究。

从个人的实践经验到理论的升华，教师的学习行为发生了深刻的变化，那就是对理论的不断渴求，和对个人经验的严谨治学。这样的学习行为成为教师专业二次成长的核心变化。不同于职前的理论学习，二次成长的理论学习是出于自我需要的、发自内在的需求的学习。它是教师观念改变的最根本表现。也正因为有理论的支撑，教师在教学过程中的疑惑也逐一解开。教学理论也同时帮助教师逐渐形成个人的教学理念。在理论与理念的共同引领下，教师在教学教研道路上的步伐可以走得更坚定。

三、课例反思带动思维模式转变

如前所说，课例反思带动教师的教学行为和教学模式转变。两者都属于教师外在的转变。这些转变的出现，归根结底是内因在起作用，也就是教师的思维模式发生变化。思维模式的转变体现在教师对教学主体的分析上。

在教师专业一次成长时，教师注重学生的学业成绩；而在二次成长中，教师则更注重学生核心素养、能力发展。为了提高学生学业成绩，教师采取各种方法，设计各种学习活动，比如反复操练、重复记忆等，势必把知识印刻在学生的脑里。在这样的课堂上，学生的思维能力、思辨能力、核心素养几乎没有多大的提高。说白了，这种课堂教学就是忽略学生需要，只追求教师的“我要教什么”“我要怎样教”。

在课例反思导向下，教师不得不一次又一次重新审视个人的教学行为，思考个人的教学模式，形成教学理念。在这种高强度的自省过程中，教师逐渐改变个人的思维方向，开始从“我要教什么”到“学生可以学什么”“学生可以怎样学”转变，真正做到以“学生的学”为主导。一旦教师能从学生需要出发，设身处地地为学生服务，教师在课堂上的行为、课堂活动的设计，甚至教学的效果也会发生明显的改进。因材施教，不是新论调，如果教师能转变固有的教学观念，提升个人的理论水平，以及不断尝试和更新的方式、方法，它并不难实现。

就如上文提到的评讲课中“小组合作评讲”为例。从开始的“学生自评”，到“小组合作评讲”，最后确立“先独立后合作”。从教学模式的变化，可以看出，通过课例然后反思的实践，教师的思维发生了明显的变化。“学生自评”阶段主要由教师唱独角戏。教师理所当然地认为学生都在场，在听。“小组合作”阶段，教师把任务放手给学生，以优带差，优生得到进步。但是，进步未能全面铺开，惠及众多。“先独立后合作”阶段，教师让学生先独立纠错再精评。教师从每个学生的立场出发，给予学生时间，让不同层次的学生通过自查自纠，对个体学习进行反思。每个学生都有收获，尽管他们习得的东西不一样，这就是明显的思维方式和立场的改变。从教师本人出发，转换成从学生立场出发，了解学生的学习认知规律，理解学生的难处，为学生的利益着想。教师思维模式的转变直接带动了教师行为模式的改变，也直接体现在课堂教学的效果上。

总之，课例反思是促进教师专业二次成长的有效途径，它促使教师从实践到理论，从理论到理念，从理念回归到实践，层层递进，螺旋升级。它以教师的行动带动思维转变，反过来又以新思维改变我们的教学行为，逐渐形成良性循环发展。这种良性的循环必然给日后的师生共进带来新局面。

专题二　基于校本教研的青年教师专业发展新路径

叶澜先生认为教师专业发展是教师的专业成长或教师内在专业结构不断更新、演进和丰富的过程。教师的专业发展关系到教学的整体质量与成就。青年教师精力充沛、可塑性强，是学校、社会发展的未来和希望。初中英语青年教师是新课程改革实施中最直接的参与者，他们践行新课改理念、塑造英语教学行为、展开行动研究。青年英语教师要逐步达到新课改的要求，就必须借助校本教研提升教学教研能力，满怀信心地迎接新课程教育理念、教学观和学生观、知识结构及教科研究的挑战。青年教师的专业发展水平对初中英语教学的整个生态系统的发展至关重要。

一、初中英语青年教师专业发展的内涵

教师专业发展是教师个体专业不断发展的历程，其本质主要是个体成长的历程，是教师不断接受新知识、增长专业能力的过程。本文所指的英语教师专业发展是英语教师不断更新、演进和丰富个人内在的外语教育信念，外语教学知识，外语教学基本能力以及外语教师自我专业发展意识等专业素质结构的过程。而青年英语教师专业发展是针对初中英语教师提出的，指向从事初中英语教育事业，处于适应探索期和专业成长期的教师，成为专门职业、获得应有的专业地位、成

为良好的教育教学工作者的动态发展。

二、初中英语青年教师专业发展的主要存在问题与成因

问题一，课堂教学应试思维倾向严重，教师自主发展意识淡薄。

不少教师往往一本教材教到老，在日复一日、年复一年的机械重复中，对专业更新与创新的意识不强。部分青年教师认为初中英语教学内容浅显，不外乎就是简单教授单词、句型，讲解练习题，不需要具备深层意义的理论底子。

成因：部分青年教师受“唯分数论”的影响，形成单一机械操练的英语教学思维，采用以知识讲解和应试方法指导为主的课堂教学模式，没有养成反思教学行为的习惯，平时很少进行专业学习提升，以至于即使其他教师给自己提出合理化的建议和意见，也照样我行我素。从中不难看出，很多初中英语青年教师的自我发展意识不强。

问题二，教学教研能力不扎实，教师学科教学知识缺乏。

教学活动是一个复杂的、动态的实践性活动，要求教师具备独特的知识基础。教师学科教学知识既包含了教师所具备的学科专业知识，又包含教师在长期的教学实践中形成的处理问题的能力，掌握针对具体学科内容进行教学的方法与策略。初中英语教师学科教学知识在整体上属于各部分并重，关于学生的知识、教学的知识和课程的知识被认为是最重要的实践性知识。

成因：部分青年教师由于教育教学经验尚少，对初中生身心发展的特殊性把握不好，在班级管理、教学实施、课程资源整合等方面未能得心应手，缺少教学研究意识和能力，甚至会被学生的问题行为缠身而感到焦头烂额，备受挫折。在初中课堂中，英语学困生往往占据学困生中的很大比例，很多学生害怕上英语课，不知道如何学习英语。可见，学困生现象从侧面反映了青年教师的教学水平不足。而要提高青年教师的教学水平必须倡导教师专业发展。

问题三，学校教研氛围不浓厚，教师专业发展机制不完善。

教研水平的高低是评价学校办学质量的重要指标，也是学校是否能往纵深发展的决定性因素。一所学校的教研氛围浓厚，是产生多样性和多元性科研成果的

重要保证，是推动教师队伍的专业发展的重要基础。然而，时下一味追求教学成绩的乱象，束缚着学校的教研发展。比如学校往往出现教师为提高学生学业成绩而加班加点批改作业、辅导学生，但是收效甚微。部分教师“任务式”教学，缺乏对教学现象背后本质问题的探究精神，甚至有些教师队伍之间的竞争演变为“分数为上”的恶性竞争，自主学习、教研探究全抛之脑后。没有科研内涵的教学属于蛮干，终究导致教与学两相厌的不良现象。

成因：科研促教，科研兴校。校本教研是促进教师专业发展的主要途径。实际上，不少学校目前的教研及培训缺乏科学设计，缺乏相应的激励、监督和评价，导致对教师的专业性评价结果不尽人意。各种形式的公开课、观摩课等，大多流于形式，没有实质性内容，对教师的专业发展作用不大。相当一部分教师认为，他们目前的工作仅仅停留在“教书匠”的层次，对教学科研、科研论文的撰写以及课题研究的参与度不高，对如何从教学科研中获取经验和信息来充实自己常常处于观望状态，就更谈不上教师专业发展了。

三、基于校本教研的初中英语青年教师专业发展路径

学校是青年教师日常工作的根据地。校本教研是一项教师专业发展的系统工程，为青年教师专业发展搭建展示才华、体现自身价值、提升能力的平台。校本教研具有合理性、合作性、创造性的特点，具体通过职业生涯规划、课例反思研究、构建教学教研成长共同体等途径，扎实推进初中英语青年教师的专业发展。

（一）以职业生涯规划为基础，自主发展，建构理论性知识。

初中英语青年教师是课堂教学实施者，但由于缺少理论上的指导和研究方法的训练，未能把一手的教育资料和教学实践转化为教学研究，上升为教学理论的高度更好指导教学实践。为加快实现青年英语教师专业化发展的步伐，校本教研应关注青年教师职业规划，明确教师成就动机，强化专业发展的意识。为此，学校实行青年教师“三年成新秀，五年变能手，八年有特色”的成长计划，为处于成长困惑期的青年英语教师提供建设性成长策略，着力提升青年英语教师的科研能力和教学水平。

“阅读+反思”是青年教师专业发展的重要途径。专业知识性阅读是丰富学科知识与教育教学理论、进行有效反思的根本保证。如创办青年教师“读书会”，学校提供指定专业阅读书目，教师结合个人的兴趣阅读，做好读书笔记，并围绕教学教研主题，在线上个人空间每月至少发表一篇读书习得与书友进行交流与分享。校园网开辟“青年教师读书”专栏，及时上载青年教师读书心得，适时表彰青年教师读书积极分子及评选优秀读书文章，以此激励青年教师“悦读，悦成长”。

（二）以“三段式”课例反思研究为载体，增长学科性知识。

课例反思研究是以“问题”为导向，基于课堂教学实践中解决实际问题而展开的以课例为载体的反思性实践研究。它以一节具体的课为研究对象，集“课堂教学、反思改进、理论提升、再实践”于一体，使教研学一体化，提供积累教学案例知识和策略知识。课例反思研究是通过师徒结对进行课堂观察、同伴互助研讨、反思改进等研讨模式，实施初始教学行为阶段——重构教学行为阶段——生成教学行为阶段的“三段式”教学研究，以促使授课教师自始至终不断反思自己的教学行为，做到不断更新和创新。可见，课例反思研究是促进青年教师专业发展和提高教学质量的有效载体。

以仁爱版英语九年级上册Unit2 话题读写复习课为例，本节课是以基于学生核心素养的初中英语读写教学问题的课例研究，以下是“三段式”课例反思研究实例。

1. 初始教学行为阶段

[试教过程]

在第一次课的试教中，整节课主要分为三个部分，分别是基础巩固、写作技巧训练、当堂写作。第一部分以师生对话，谈论野炊该注意的事项，导入环保话题。接着通过练习操练、巩固环保话题的词块，然后加入提建议的句型训练。整节课由五个教学活动达成“写作技巧训练”。

[反思改进]

在初始教学阶段发现整节课没有发挥出写作教学应有的功能，语言点的操练代替写作思维训练，且耗费时间过长，导致学生的写作时间不足。

2. 重构教学行为阶段

[试教过程与课堂变化]

在重构教学行为阶段，导入环节改为利用图片进行头脑风暴，继而导入语篇阅读，在阅读环节进入小组竞争学习，学生就阅读内容自主提问并能快速回答，思维活跃。由于做好了写前铺垫，积累充分的语料，搭建写作框架，学生能较好地完成话题写作任务。教师能基于学生已有知识基础，开发符合学生年龄心理特点的教学资源，注重课堂资源的生成，按学生“最近发展区”设计教学，这种以未来的眼光、发展而定位的教学观，对培养学生核心素养有积极的作用。

[反思改进]

经反思发现，个别教学环节衔接不够自然，仍需改进。如导入环节不够形象具体，应能抓住学生眼球并引起对话题的思考。在教学实践中，通过把话题教学故事化，把教学活动生动化，能较好地增强课堂教学效果。

3. 生成教学行为阶段

[教学过程]

Step 1 话题导入。利用一组不同的环境污染的图片，引导学生讨论地球的各种污染，展开话题，共同分析地球先生生病的缘起及如何治病等讨论。

Step 2 写前环节。观看视频作出任务选择，完成三个不同的任务卡，分别是语篇阅读任务、短文填空训练、填写信息卡。

Step 3 写中环节。审题、列提纲、拟初稿、整合段落、生成整篇作文。

Step 4 写后拓展。小组内生生互评，教师点评，修正初稿，分小组展示佳作。

（三）构建教学教研成长共同体，形成发展性评价。

构建教学教研成长共同体，促进教师队伍整体发展。英语科组落实“一对一”师徒结对，通过组织备课组活动、引入“三段式”课例反思课堂教学研究、“走出去，请进来”的观摩学习等教研方式，共享教育教学管理资源，优化学校师资、硬件和课程教学活动。英语教研组经常组织策划形式多样、内涵丰富的教学教研活动，如举办青年教师论坛、教学基本功比赛、课堂教学比武、课题研究等活动，为青年教师的专业发展搭建展示才华的平台。青年教师在交流活动中实践、探索、反思、总结，促使了青年教师的可持续性专业发展。

近年来，学校定期开展“青年教师公益讲座联盟”活动，以微信群为载体，邀请学校名师、骨干教师为讲座主讲导师，每周为青年教师举办一次主题讲座。青年教师通过讲座学习，深入了解教育改革的新理念、新课程实施方式、教材中的问题与对策、教材特点、初中学生的学习特点、英语教学原则和方法，正确处理素质教育和应试压力的关系等教育教学实际问题，他们撰写听后感、反思日常教学、建构专业知识体系以指导教学实践。这种利用现代信息技术交互学习的方式，深受青年教师的喜爱，同时也发挥了学科带头人的引领示范作用，形成教学教研成长共同体的合力，为青年教师的专业成长注入源源动力。

专题三　探究初中英语教师专业成长新路径

随着时代的发展和社会的变化，教育领域也相应地在不断变革。初中英语教师如何实现专业化发展，以更好地配合教育改革，提升教育质量，成了每位初中英语教师必须思考的问题。初中英语教师应具备哪些专业素质？如何开展课例反思研究？本专题将运用质性研究法，深入剖析课例研究对教师专业成长的影响，探讨初中英语教师专业成长新路径。

一、初中英语教师的专业素质结构

（一）初中英语教师的专业理念

叶澜教授认为教师的专业理念是经过教师自身实践和思考而建立起来的，是教师在对教育工作本质理解基础上形成的关于教育的观念和理性信念。本文重点探讨初中英语教师的专业成长，研究视角是初中英语教师的专业理念，应包含英语学科的内容。参考《中学教师专业标准（2012年试行）》，将初中英语教师的专业理念分为以下三方面：

第一，英语课程观，指的是英语教师对英语课程的认识和看法。课程关注的焦点从重视“教师的教”到“学生的学”，体现了以学生发展本位的课程观。课程是师生共同探索的过程，课程应该是以学生为主导的。

第二，英语教学观，主张探究性学习，把学生学习方式的转变放在重要地位。教学过程是人与人的互动的过程，也是传授知识、培养能力和品行的过程。

教师要有正确的教学观，在课堂教学中创设条件让学生体验生活，感受生活，真正感悟杜威所说的“教育即成长”。

第三，英语学生观，是初中英语教师对学生的态度和看法。正确的学生观是一切为了每一位学生的发展，学生应该是课堂教学中不可或缺的主体，在课堂教学中充分发挥学生的主体能动性，让学生积极主动地去探究和创新。关注学生的心理，关注学生的个体差异性，认识到每一个学生都是一个有发展潜能和发展需求的人。

（二）初中英语教师的知识结构

初中英语教师的知识结构是教师在从事英语教学活动中为达到有效教学所具备的一系列知识的总和。初中英语教师的知识结构应该包括以下几个方面：

第一，英语学科知识，包括英语语言基础知识、跨文化交际知识、现代语言学理论知识、外语教学法、英语课程理论知识等。

第二，教育教学知识，指在教学过程中教师所应具备的教育学、心理学和教学研究方法等知识。

第三，通识性知识，指具有相应的人文社会科学和自然科学知识；了解中国教育基本情况；具有相应的艺术欣赏与表现知识；具有适应教育内容、教学手段和方法现代化的信息技术知识。

（三）初中英语教师的能力结构

如果说专业知识是教师专业能力的起点，那么能力则是对教师专业知识的内化与超越。连榕教授认为教师的专业能力是指教师在教学过程中运用专业知识和经验顺利完成某种教学任务的活动方式。初中英语教师的专业能力素质可以分为三大类，包括教学能力、教研能力以及反思和合作能力。

1. 教学能力包括教学设计能力、教学实施能力、教管能力和教学评价能力。

第一，教师的教学设计能力指的是可以科学设计教学目标和教学计划，合理利用教学资源和方法设计教学过程，引导和帮助中学生设计个性化的学习计划。

第二，教师的教学实施能力指的是能够营造良好的学习环境与氛围，将现代教育技术手段整合应用到教学中，激发与保护中学生的学习兴趣，通过启发式、探究式、讨论式、参与式等多种方式，有效实施教学，有效调控教学过程，合理处理课堂偶发事件，引发中学生独立思考和主动探究，发展学生创新能力等。

第三，教师的教管能力指的是有提问、启发、纠错能力批改课外作业，布置、组织课外活动能力、说课能力和英语语言表达能力等。

第四，教师的教学评价能力指的是能利用评价工具，掌握多元评价方法，多视角、全过程评价学生发展；引导学生进行自我评价；自我评价教育教学效果，及时调整和改进教育教学工作。

2. 教研能力包括教材的分析研究能力、探索新的英语教学方法的能力和教育科研能力（科研问题、科研成果和科研参与方式）。

3. 反思和合作能力包括反思的频率和主要内容、反思的主要方式、反思后是否改进教学行为和与学生、同事和家长沟通合作的能力。

（四）自我专业成长意识

促进初中英语教师的专业成长，提升初中英语教师的内在动力是根本。教师自我成长的意识直接决定着教师的专业成长。自我专业成长意识是教师专业成长的核心，只有教师有了自我专业成长的意识，才有可能自主地去寻找学习的机会，明白自己需要什么，该怎么努力，才有可能成为自我专业成长的引领者。教师的自我专业成长意识指的是“对自己过去专业发展过程的意识，对自己现在专业发展的状态、水平所处阶段的意识以及对自己未来专业发展的规划意识”。

二、质性研究的定义和步骤

质性研究是以研究者本人为研究工具，在自然情境下采用多种资料收集方法，对研究对象进行深入的整体性探究，从原始资料中形成结论和理论，通过与研究对象互动，对其行为和意义建构获得解释性理解的一种活动。以下研究的是从句复习的同课异构课，因为是两个个案的研究，所以在研究过程中采用课堂录像、研讨录音、访谈录音、教学反思日志、学生访谈等手段收集有关数据，进行质性研究。步骤大致如下：

（一）课前，确定研究对象、研究问题和授课过程。

本课例研究中的两位教师分别为教师A和教师B，都拥有一定的教学经验。两者都使用外语教学与研究出版社的教材，在上课前，两位老师分为两个小组，集体研讨当前面临的问题，并以小组为单位共同制订教学计划和方案。

（二）课中，集体听课和进行课堂录像。

邀请两组教师集体听这两节课，同时进行课堂录像。这两节课的教学步骤和模式有些类似，有所不同的是教学内容和难度。

（三）课后，学生相互评价、教师自我反思和集体评课。

量化评价与质性评价相结合。通过课堂上学生小组合作总得分和学生访谈等，检验上课效果。另外，两位教师就自己的课进行分析，列出优点和不足之处，两组听课老师对教学流程进行点评。

三、从句复习同课异构课例对比

（一）专业理念对比

在英语课程观方面，两位教师都根据义教新课程标准，坚持以学生为中心，重新设计难易度适中的练习，关注学生的学，师生共同探索。两堂课都是中考复习课。教师A的教学设计是用简单的习题小游戏，设置情景，以学生、教材内容和教学目标为中心。教师B的教学设计则是以学习英语到外地旅游为线索，进行小组竞赛，先到达伦敦的那组为胜者，以学生、师生和教学目标为中心。

在英语教学观方面，教师A除了完成教材中的练习外，还设计了区分定语从句和宾语从句的小组合作的练习，进行小组间的竞赛。教师B把枯燥的语法学习融入有趣的口语训练中。例如挑战记忆游戏、限时造句、用从句描述事物的猜词游戏等等。教师A侧重于学生与学生的互动以及师生之间的互动，而教师B主要关注师生之间的互动，学生与学生之间互动较少。两者都设置了探究性的练习，创设条件让学生体验生活、感受生活。

在英语学生观方面，两位教师都尊重学生个体差异，因材施教，教学相长。教师A根据中考考查定语从句、宾语从句和状语从句的要求，加入了几道中考单选真题给学生做，锻炼学生听说读写英语的能力。教师B主要侧重在训练学生的英语口语，也训练了学生听说读写英语的能力，更好地提现了师生之间相互尊重、平等相处的朋友关系。

（二）知识结构对比

1. 英语学科知识

两位教师的阅读和听说能力都比较好。主要运用句法学和语用学，而初中英语教师应该全面扩充自己的现代语言学理论知识，例如语义学、心理语言学、社会语言学、语言习得、音系学、形态学、历史语言学等。掌握现代英语语言学理论可以帮助英语教师正确引导学生学习英语的方法。两位教师对外语教学法的听说法、交际法和认知法使用频率较高，而翻译法、直接法、全身反应法和暗示法的使用频率较低，应着重加强对教学方法的完善，并全面优化自己的教学能力。

2. 教育教学知识

两位教师都运用了教育学、心理学和教学研究方法等知识。例如教师A采用了互动教学法、情景教学法和任务型教学法等，帮助学生复习和掌握宾语从句的引导词、语序及时态，了解定语从句中的关系代词和关系副词的作用和功能，学会准确选择定语从句所需的关系词，区分各类状语从句的引导词和时态等。教师B采用任务型教学，不同难易的任务有效地锻炼了不同层次的学生能力，还采用情境交际法，把枯燥的语法规则学习融入有趣的口语训练、交际应用当中。通过笔头训练巩固所学语法知识，达到口头和笔头的完美结合。

3. 通识性知识

两位教师掌握较多的是人文社会科学知识、中国教育基本知识、现代信息技术知识和生活常识等。教师A趋向于掌握人文社会科学知识、现代信息技术知识和生活常识。教师B趋向于掌握与英语学科较为接近的知识。初中英语教师对通识性知识的储备普遍欠佳。在实际的课堂教学中，广博的通识性知识往往起着至关重要的支撑作用。因此初中英语教师应该全面扩充自己的通识知识，尤其是自然科学知识、艺术欣赏和表现知识。

（三）能力结构对比

1. 教学能力

两位教师的教学设计各具特色，师生互动频繁，并且都及时对学生进行评价。教师A创设情境，通过歌曲导入，在师生问答对话中让学生分析句子出现的语法现象，在文段阅读中归纳定语从句和宾语从句的结构和关系词。由易渐难的竞赛贯彻全课，内容有从句填空、改错、中考单选题、看图造句、选词造句等。教师B通过学英语游览世界这一主线，在不同的著名城市中穿插不同的游戏，操练从句。例如挑战记忆游戏，帮助学生使用宾语从句将直接引语变成间接引语；发挥想象游戏，根据提示用状语从句在限定的时间内造最多的句子；猜词游戏，用定语从句描述词语，增强学生的学习兴趣，准确掌握考点。两位教师的教学目标清晰，通过竞赛游戏，引发学生独立思考和主动探究，发展学生创新能力。

2. 教研能力

两位教师都能紧扣英语中考要求，结合学生实际的需要，创造性地改编教材和题目，具备教材的分析研究能力。例如教师A紧贴中考要求，设计练习，以小组竞赛的形式，指导学生抢答题目，所有的题都是有关定语从句和宾语从句的理论知识。

教师B在游戏竞赛环节中，补充了很多课外知识，通过阅读、听说和写作练习，实际操练定语从句、宾语从句和状语从句，新鲜刺激的竞赛练习，让学生都能轻松完成，学习兴趣一次又一次地被调动。

3. 反思和合作能力

两位教师都能集体备课，通过集体评课，从重难点处理、教学活动设计等方面及时对本课进行教学反思。例如教师A的教学没有脱离生活实际，有时速度偏快，应该留下足够的空白时间给学生思考问题；教师B从介绍自己开始，引导学生思考，探问从句的句式，在机械操练与意义操练的交替中提升学生的学习技巧，应同时关注语法细节，确保学生不出明显的差错，还有应该注意时间的控制，才能达到预期的效果。

通过从句复习同课异构的形式，对两位教师的专业理念、知识结构和能力结构等方面进行对比，探索教师专业成长的途径。同课异构活动为教师的成长提供研究案例，从中可以发现有效与无效的教学活动，合理与不合理的教学情境等，在教师之间的深入讨论中，互相取长补短，有利于教师的成长，促进教师的发展。

专题四　初中英语教师有效促进自身专业发展

教师专业发展是教师作为专业人员在整个职业生涯中逐步发展自身的专业思想、持续完善自身的专业知识以及不断提高自身的专业能力的一个过程。国家的繁荣发展，需要人才。而人才的培养，关键在于教师的水平。教师的专业水平高低决定了教育的质量。《义务教育英语课程标准（2022年版）》（下简称“新课标”）中也明确强调，初中英语教师应不断学习和提高专业水平，努力适应我国中学英语课程改革的要求。因此，促进教师专业发展是教育本身以及教育发展的需求。

一、加强个人师德素养

“德”是师之本，德高方有严教。一个具备高尚师德情操的教师，才会真正深爱自己的教育教学工作、尽责教好书，尽心育好人，才会在教育教学中有热情和勇气去面对一切的困难和严峻的挑战，并不断提升自己的专业水平和能力。而对学生来说，教师良好的言行，对他们有着耳濡目染的教育引导作用。一个德才兼备的教师对学生的吸引力是巨大的，其教学效果必然是最好的。

因此，教师必须要提高自身的职业道德修养，认真学习教师职业道德规范，并把师德师规化作内心的道德信仰和教育行为的准则，处处严格要求自己，成为学生的表率。教师良好的师德素养不仅是教育教学工作的实际需要，也是教师自觉促进自身专业发展的内驱力。

二、树立自主学习意识

英语教师的专业知识包括学科专业知识和学科教学知识。发展和完善教师的专业知识，首要的任务是不断学习。新课程中提到，掌握和不断更新学科知识是教师专业发展的重要组成部分。初中英语教师不仅要掌握语音、词汇、语法、语篇等英语教学的基础知识，还要具备扎实的英语基本技能，较强的跨文化交际意识，并能实施英语课堂教学。同时，随着社会和语言的发展，必须不断更新英语语言知识，努力提高英语语言素养。因此，英语教师要提高学习的主动性，树立自主学习的意识。

作为一名英语教师，在教学工作中一方面要巩固入职前所学的专业知识，并将它们转变为能动的知识，另一方面还要通过持续不断的学习来拓展自己的专业知识面，完善自己的专业知识结构，才能使自己的专业知识始终跟得上教育改革的步伐。

在英语的教学工作中，英语教师不能满足于自己现有的学历，应积极主动地继续学习有关的英语学科教育教学知识，并养成每天学习英语的好习惯，努力使自身听、说、读、写、译等方面的英语水平得到进一步的提高。

除此之外，还要经常阅读相关的教育教学理论书籍以及通过订阅一些核心的英语期刊如《中小学英语教学与研究》《中小学外语教学》等，积极学习和积累一些比较优秀的教学经验以及先进的教学策略和教学理念。同时，也可以参加一些专家教授的专题讲座以及关注其最新的科研成果，以便及时了解一些比较前沿的教学方法，更好地充实自己的学科教学知识。

三、提高教学实践能力

提高教学实践能力，是初中英语教师专业水平提高与发展的重要途径。教师只有把学到的专业知识运用到教学实践中去，将教学专业理论升华为教学专业技能，才能真正促进自己专业能力的发展。

（一）立足课堂教学

教师不仅要更新和积累自己的专业知识，更要将专业知识转化为专业能力，而英语课堂就是英语教师专业成长的主阵地。新课程中提道，初中英语教师要根据中学生的心理发展特征和语言认知规律，依据相关的英语教学方法和理论，确定科学的教学目标，设计合理的教学过程，运用适当的教学方法，有效地组织和实施英语课堂教学，培养学生的英语语言知识和能力，从而提高自身的英语教学实践能力。为此，教师应认真对待自己的每一节英语课，用学到的专业知识来指导自己进行教学实践的探索。

课前，教师要深入理解和研究教材，明确每节课的教学任务、教学重难点和教学过程以及采用何种方法组织并开展教学活动。同时还要细致了解全体学生，摸清学生的兴趣爱好、知识水平和接受能力等，找准教学起点，及时调整教学方案；此外，课前精心预设课堂也是必要的，教师预测课堂每个教学环节有可能会发生的变化，并思考相应的对策，才能在课中临危不乱。

课中，教师应尽量创设有趣的英语教学情境和学习氛围，充分调动不同层次学生的学习热情，努力引导基础较差的学生大胆参与英语课堂活动，积极提高英语课堂教学的有效性，注意激活学生的内在思维，力争每节课成功完成教学任务，使每个学生都学有所得。

课后，教师要及时积极反思教学过程中成功或失败的教学行为，记录成功的教学细节，找出不足以及需要改进和完善的地方，并探索出正确的处理方法。通过反复的课堂教学实践，教师就可以逐步积累自己学科的实践性知识，从而提升了教学艺术，丰富了教学经验，也更进一步促进了自身的专业发展。

（二）重视校本教研

除了立足课堂，校本教学和研究也是促进教师专业成长的有效方法之一。教师彼此学习和交流经验，有助于促进教师优势互补，更好地提升自身的教学水平。

对教师而言，最有效、最实用的是听课和评课。初中英语教师，尤其是年轻教师，应该多听教学成绩突出的、经验丰富的、受学生欢迎的教师讲课。在听课的过程中，教师的听课目的要明确，课堂上要关注教学任务的落实情况、教学的细节以及学生的状态等并认真做好听课笔记。教师可以记录课堂的精彩、特色、不足以及自己的听课感悟和反思。课后除了及时与授课教师进行评课以及交流听课心得外，撰写听课心得也是非常重要的。教师要认真思考和总结课堂的亮点以及可以改进的地方，争取每一节课都听有所获。教师只有吸收他人的成功经验，反思自我的教学实践和教学行为，才能习得自己所需，不断提升自己的教学艺术。

此外，教师还应认真对待自己的每一节示范课。示范课作为一种特殊的课堂教学形式，具有经验交流、课题研究、方法示范、专业引领等诸多功能，可以更好地帮助教师积累教学经验、加强教学研究等，从而快速地促进教师专业发展。因此，不管是何种类型、何种目的的示范课，教师都要高度重视，积极主动参与。教师之间在备课、说课、讲课、听课、评课过程中的研讨、切磋以及互动，不仅可以实现教师之间教学理念、教学技能等的广泛借鉴和交流，也有助于教师审视和改进自身的教学行为，从而达到共同提高专业水平的目的。而对于教学过程中出现和存在的实际问题，教师也可以与教学同伴合作，进一步开展课题研究，找到最好的解决途径和方法，在不断的探索中使自己的专业水平日益精进。

（三）珍惜校外研修

各级各类的英语校外培训是促进教师专业发展的好机会。教师不能把各级组织的培训看作是心理上可做可不做、行动上非做不可的事，不能有应付了事的思想，要珍惜每一次校外培训研修的宝贵机会。教师走出校门，亲临名师的课堂，目睹名师深厚的教学功底以及灵动的教学艺术；聆听专家的讲座，感受专家深邃的教育眼光和渊博的理论知识，可以进一步开阔眼界，提高境界。每次的校外研修，教师应该把自己的教学实践和培训内容联系起来，汲取专家和名师的教学智慧和经验，审视和反思自身的教学行为，更新自己教育教学理念的同时，在今后的教学中进行及时调整和运用，方能提升自身的专业发展水平。亲近专家名师，善于与同行交流，才可以使自己在专业成长的路上少走弯路。

四、养成自我反思习惯

美国心理学家波斯纳认为，如果教师在教学工作中仅仅满足于获得经验而不用心去反思自己的教学实践和教学行为等，那么他永远只具有新手型教师的水平，却无法成为一个专家型的教师。新课程也强调，英语教师反思自身的教学，可以促进英语教师专业的发展。在反思过程中英语教师可以不断发现、分析以及解决问题，最终形成自主的专业发展意识和能力。

由此可见，促进教师专业发展的最优途径是教学反思。只有反思，教师的经验和方法才能上升到一定的高度，并深远影响后续的教学行为。因此，教师要自觉培养反思的良好习惯，课后及时反思自身的教学情况、学生的学习状况、授课的内容、方式、技能和技巧以及课堂的整体状况等。教师只有善于发现、分析和思考教学工作中出现的各种教学现象，并勤写教学随笔、教学后记、听课心得、培训体会等以及撰写教育教学论文，把自己的所听、所看、所学、所思、所为加以分析总结、提炼升华，才能逐步形成自己独特的英语教学风格，从而不断加快自身专业的发展。

五、重视专业引领

专业引领既能进一步提高初中英语教师的专业素养，又能更好地夯实初中英语教师驾驭课堂教学的基本功。具体分为以下两方面来说：

其一，是学校必须有效加强这方面意识，对初中英语教师及时给予相应的理论知识引导，积极鼓励教师，增强教师学习专业知识的自主性，引导他们不断完善自身，有了科学的理论知识指导，教师的头脑才会更清醒，说白了就是脑子里有可指导自身教学实践的东西。

其二，是初中英语教师自身应为自己树立个榜样，以榜样的力量带动自己，向骨干教师看齐，熟练掌握他们先进的经验理论，对自己不懂的问题，该请教就请教，虚心接受指导。另外，对外校一些比较典型的教学、管理经验，教师也可以有针对性地借鉴，可以自己在网上看相关视频学习，也可以以小团体的形式深入其他学校实地考察。

促进初中英语教师自身专业发展的方法还有很多，只要教师在工作中不断学习、不断实践、不断研究以及不断探讨，并在反思中总结经验，有一颗进取之心，就一定能够促进自身的专业发展。

专题五　撰写课例促进教师专业成长

一、撰写课例对初中英语教师专业成长的意义

研究表明，教师的教学理念和状态、教学技能、反思及写作能力、教研能力、手头的教学资源等都对教师的专业化成长有深远的影响。此外，美国学者波斯纳（G.J.Posner）在1989年提出了著名的教师成长公式：经验+反思=成长。撰写课例和课例反思要求教师不仅要有敬业乐业的心态，还要有扎实的专业知识和理论知识，过硬的教学基本功，宽广的学科视域等，而这些都是成为专业化教师的必备条件。所以，撰写课例是教师专业化发展的重要途径。主要表现在以下几方面：

1. 撰写课例增强了教师的道德和责任感，是教师保持良好教学状态的法宝之一。

教师的专业成长如果只靠外部的激励机制是不够的，必须要有来自教师内心的内驱力来助力教师的专业化成长。撰写课例反思，就是要求教师自觉对自己的教学行为进行总结和评价，在不断改进自己的教学实践的同时，提升自己的教育教学质量。要做到这一点，教师必须激发自己的内在动力，具备极强的职业道德和高度的责任感。当一名教师的职业心态从简单的追求功利到为了实现自我价值，那么这位教师必然长期处于良好的教学状态下，而他也就走上专业化的道路了。因此，撰写课例极大地增强了教师道德和责任感，也让教师保持了良好的教学状态。

2. 撰写课例提升了教师的资源整合能力、反思能力和教学能力。

教案设计不等同于课例，完整的课例包含三个部分：教学设计、教学实录、教学反思。教学设计就是预设问题并提出解决的方案，教学实录就是把该方案落实到具体的行动上，教学反思就是对该方案的实施效果进行评价。

一个优秀的课例必须以解决问题为核心，首先，它要求教师吃透教材，依据学生的实际，在某一教学理论的支撑下，整合各类教学资源。教师大胆对教材的内容进行取舍，调整顺序，创造性地编辑整合教材并选择合适的教学技能和方法来设计课堂的各个环节，从而初步形成完整的教学设计。其次，反复修改教学设计后，用真实的课堂来检验该设计的科学性、合理性。教师在实施的过程中进行记录，把教学中的成功之处、失误的地方和学生的反应等一一记录下来。最后，教师依据课堂实录进行反思，对该课进行“再设计、再实施”。

在这个反复的再设计再实施过程中，教师不知不觉就掌握了扎实的专业知识、理论知识和教学基本功，教师的资源整合能力、反思能力和教学能力也不断得到提升，日渐转型成一个有底气、有眼界的专业型教师。

3. 撰写课例提高了教师的教研、写作能力。

教学研究是教师专业化成长的必由之路。而课题、论文、课例，是教学研究的三个主要方面，这三方面是相辅相成的。论文和课题研究大多以课例的撰写为基础，课题研究又对一系列类似的课例做进一步的总结和升华，而教学论文的撰写更是有利于提升教师的课例撰写能力。在课例撰写的过程中，教师详尽地描述课堂教学行为并结合教学理论进行分析和反思，并调整自己的教学行为，力争把课堂教学设计得更加科学合理。教师的教学行动与教学研究紧密结合，教师把教学理论与教学实践、教学经验紧密结合，切实做到了理论联系实际。

根据教师专业成长二次发展理论，教师的二次成长主要靠用理论来反思自己的经验。教师在撰写课例的过程就是用理论来反思自己的经验的过程，教师的行为方式和思维方式在这个过程中发生了改变，也就是完成了二次成长，真正往专业化方向发展。

二、如何撰写课例

课例的分类没有一个统一的标准，常见的是反思型和叙事型两种。不管是哪种类型的课例，一般都要有以下几个步骤。

1. 前期准备阶段。首先，教师可以根据自己确定的教学内容，选择类似的典型课例，对这些课例进行内容和结构上的分析研究，提炼出课例的必备要素。其次，搜集与教学内容相关的各类资源，为提升教学设计的艺术性提供资源支持。再次，确定本次教学设计的理论依据，并初步撰写教学设计。最后，把教学设计搬到课堂，并根据上课的效果，对教学设计进行反思及调整。

2. 撰写课例初稿。根据初步的教学设计、教学实录和教学反思，教师可以着手课例的撰写。撰写课例的时候，要把教师自己的思考、反思与实际的教学情况相结合。尤其要注重“回头看”，要突出实际教学过程当中存在的问题，以及由此问题引发的一系列的思考与研究。

3. 打磨课例。写好初稿后，自己先认真审查，然后请有经验的教师把关，听取他们的意见，把课例进行修改、打磨。最后，再次用真实的课堂来检验打磨后的课例效果。

课例的撰写是没有什么固定套路的，它必须是对真实课堂以及教师真实感想的叙述，撰写者必须发现并提出典型的、针对性强的问题，并以此作为研究的基础，也以此来凸显该课例的价值和意义所在。

第三部分

课 例 篇

探究话题视角下的初中英语读写教学

——以人教版八下Revision of unit 5单元复习课为例

一、课例背景

本课例是教师参加广东省"'百千万'培养对象走进乡村（肇庆封开县）"教育活动的一课，是一节典型的送课下乡展示课。考虑到不同版本教材以及借班上课可能会对教学的衔接与师生的默契会带来一定的难度，教师整合了教材，巧设教学活动，以便更好地完成教学任务。

二、教学情况分析

（一）教情分析

本节课是人教版初中英语八年级下册Unit 5中的一节单元复习课。教学内容是结合语篇复习语法"过去时与过去进行时"。结合本单元的话题"An unforgettable ..."，要求学生从语言的输入到语言的输出，努力完成话题写作。教学任务内容顾及学生水平差异，设计递进式教学活动，让学生开展同伴合作学习，发挥同学间合作互助的优势，学会与同伴分享，懂得感恩，珍惜友谊。

由于本节课是借班上课，对教材和学生的不熟悉是授课要克服的困难，如何调动学生的积极性及参与度更是一个较大的考验。

（二）学情分析

八年级的学生已具备一定的英语基本知识和技能，已经基本掌握教师的课堂用语和指令，在多媒体课件的帮助下能听懂、朗读英语单词和句子。但由于他们均是来自比较偏远的农村家庭的留守儿童，超过90%都是内宿生，与外界接触不多，羞于表达，教学要从学生已有的生活体验作为切入点，发挥同伴合作学习的优势，在教师引导下运用所学词句进行表达和交流，以完成教学任务。

学生在之前Unit 5的单元学习中，已掌握了句型“What were you doing when …？ I was doing …”，并能描述过去发生的人或事，对一些事故或危难的发生有一定的自保意识，对过去难忘的人或事的表述已有比较充分的语句储备。

（三）教学目标

1. 能把新旧知识融会贯通，运用已学词汇、句型描述过去的人和事。
2. 能听、说、读、写本课的核心语法：when和while引导的时间状语从句。
3. 能运用阅读技巧读懂关于一段经历的文章，结合文意补充短文，并能分析问题，提取信息。
4. 能理解结果写作教学法和过程写作教学法，逐步掌握仿写的技巧，独立完成话题写作。

（四）教学重点

1. 基于语篇正确使用过去时与过去进行时。
2. 区分when和while所引导的时间状语从句。
3. 以读促写，完成本单元的话题写作。

（五）教学思路

尝试设计基于话题下的读写结合以及过程性写作教学任务链，培养学生基于文本的语言组织能力和逻辑思维能力。大致流程如下：

（六）教学方法

活动教学法、任务型教学法、过程写作教学法

三、课例反思过程

（一）初始教学行为阶段

1. 设计回顾

前往肇庆封开县的前四天，送课教师领到了本次送教下乡的教学任务，是人教版八年级下册Unit 5，其教学内容结构与送课教师在校任教的仁爱版版本不同。教师认真研读了与之结对的老师所发来的教材图片，基本确定了教学框架和教学重难点，开始了初始的设计构思。基于本次下乡送课两所学校不一致的教学进度，教师把课型确定为话题式的以读促写复习课，设计了课堂导入、语法回顾、文本阅读、习作生成4个教学环节展开教学。

2. 问题诊断

初始教学设计完成后，教师在备课组展开了说课，让备课组对教学设计进行问题诊断。首先，对于单元复习课的学习，教师设计的内容是全面的，突出了课堂知识与技能目标，但内容过于全面有可能导致课时内完成不了教学任务，而且教学重点不突出。其次，在教学过程中运用了不同形式的教学活动，能较好地激发学生的学习兴趣及参与度，但也要考虑活动设计的梯度，兼顾相对安静或处于观望状态的学生。最后，要巧妙设计问题以促进课堂丰富和精彩的生成。

3. 反思改进

第一，精简教学内容，突出教学重点，从话题导入到话题输出，巧妙设计教学活动，围绕英语视听说读写环节开展，为学生的话题写作铺桥搭路。

第二，突出英语语言品格的学科素养，以观看滑稽小视频入手，以“To learn English well is very important.”作为本课的开端；在所有教学活动完成后，胜出小组将获得课外英文阅读书籍，以此鼓励学生“Enjoy reading，enjoy life”。

第三，优化问题导学，积极鼓励学生广开言路。

（二）重构教学行为阶段

1. 试教过程：呈现教学过程三大环节——温故知新、合作探究、写作建模。

Part 1“温故知新” 让学生复习、归纳本单元学习过的词汇短语；以Linda发送给“我”的视听小视频导入，引起学生的兴趣，师生互动交流，以复习本单元的重点“语法过去进行时”；通过交流的深入，引导学生回顾上周末发生的事，再以接龙比赛的形式让学生表述别人在周末发生的事，快速激活课堂。

Part 2“合作探究” 让学生转到篇章阅读“Linda’s unforgettable day”，通过文本阅读从“短文填空”到“信息归纳”设计层递式的教学活动，并尝试归纳文本大意，紧扣本节课的主题。这一活动过程考虑个别学生未能很好地完成，故采用让学生先自主阅读，再小组合作的方法来完成，这样既达到训练学生阅读技巧，又促进生生互动、教师辅助教学的目的，同时也为接下来的过程性写作活动做好充分的铺垫。

Part 3“写作建模” 设计建构主义理论下的六步过程写作法来帮助学生搭建写作的脚手架，分别是“审、列、写、查、评、改”。由于是借班上课，送课教师布置学生以作业形式提前一晚写好习作初稿，以供上课时能基本完成过程写作，有效提高课堂教学效率。

2. 观课诊断，仍存不足

通过试教观察到，课堂教学节奏不均，教学环节时间分配不尽合理，导致教学亮点的过程写作教学未能让学生理解透彻。教学主线是突出的，但教学活动之间还缺乏过渡和衔接，以至于学生的学习活动有些松散。教师还要发挥积极的引导，让学生尽快克服学习的困难，主动投入到学习中来。

3. 进一步反思改进

第一，开门见山，直接以“我”的“Unforgettable night”引出话题，快速有效地激发学生对学习的兴趣。

第二，降低接龙游戏难度，压缩学生回忆的时间，让更多的学生参与接龙活动，活跃课堂气氛。

第三，送课教师注重引导和示范，设计基于话题的由一个个小问题组成的问题链，使教学环节环环相扣，增加话题的整体感知和落实写作方法的指导。

（三）生成教学行为阶段

Step Ⅰ　Warming up.

1. Greeting.

2. Enjoy a joke. To share a video from Miss Zhong's student—Linda. Try to catch what the men were doing.

3. Watch again for circling the points of past progressive tense.

【设计意图】Part 1 "温故知新"让学生复习、归纳本单元学习过的词汇短语；以Linda发送给"我"的视听小视频导入，引起学生的兴趣，师生互动交流，以复习本单元的语法复习内容——过去进行时。

Step Ⅱ　Revision

1. Brainstorm. To ask students what they were doing at this time last Sunday?

2. Play a game — solitaire(接龙). Try to memorize what the other students were doing. The more, the better.

【设计意图】通过师生互动、生生交流的深入，引导学生回顾上周末发生的事，以接龙比赛的形式让学生表述别人周末发生的事，快速激活课堂，拉近师生距离。

Step Ⅲ　Reading

1. Pre-reading. To share your unforgettable experience in one sentence with your teammates.

2. While-reading.

(1) Read the passage about "Linda's unforgettable day", then complete the passage with the proper words.

(2) Read in details and try to fill in the information card, pay attention to the

question points.

3. Post-reading.To give a best title to the passage.

【设计意图】通过学生回想并与同伴分享自己难忘的一个经历到篇章阅读“Linda's unforgettable day”，通过文本阅读从“短文填空”到“信息归纳”设计层递式的教学活动，并尝试归纳文本大意，紧扣本节课的主题。这一活动过程考虑个别学生未能很好地完成，故采用让学生先自主阅读，再小组合作的方法来完成，这样既达到训练学生阅读技巧，又促进生生互动、教师辅助教学的目的，同时也为接下来的过程性写作活动做好充分的铺垫。

Step Ⅳ Writing

1. Pre-writing. Let the students write the article as their homework.

2. While-writing.

(1) To read the writing works carefully. Try to catch the topic/persons/tense/main points, and so on.

(2) To learn about how to write the main points better.

(3) To check and appraise the homework drafts with the appraising form step by step.

(4) Show time. To appraise the homework with each other.

3. post-writing. To conclude the top tips on reading and writing.

【设计意图】设计建构主义理论下的六步过程写作法来帮助学生搭建写作的脚手架，分别是“审、列、写、查、评、改”。由于是借班上的示范课，送课教师布置学生以作业形式提前一晚写好习作初稿，以供上课时能基本完成写作过程，为学生的写作建模。

Step Ⅴ Summary & Assignment

1. To sum up What we have learned today.

2. To rewrite the article of this topic.

Step Ⅵ Core competence

Enjoy reading, enjoy life.

四、教学反思

初中英语教学中，阅读与写作是相互独立、相互依存的语言技能。阅读是写作的基础和前提，是作文素材和表达方式的源泉；而写作是阅读的延伸和深化，是一种语言的综合运用，即语言的输出。从大多数教材的设计来看，每个单元基本是根据阅读课程呈现相应的写作话题，在读的基础上进行写作方面的练习。如何通过阅读素材的有效利用，重构阅读和写作结合的教学方式，设计话题下的读写结合以及过程性写作教学任务，以读导写，以读促写，提高学生的读写综合能力，是教师这节课教学设计的初衷。

本课例兼顾阅读和写作结合的特征，通过对话题和文本的深度挖掘，在读写结合方面进行了大胆尝试和创新。以视听、说、读、写四段活动形式，以“An unforgettable ...”为主题，贯穿于整节读写教学课中，把语言学习的输入与输出交替进行，进一步拓展语用功能，真正达到语言学习目标。

（一）课前预设

课前预设就像课前备课一样，是不可忽略的环节。有效的导入可以将学生引入阅读话题，激活学生的学习思维，激发兴趣。本节课导入部分充分利用与话题相关的视频资源，以“德国人说英语搞出大笑话”的小视频恰当地导出了本节课的语法复习重点“过去进行时”，为复习课做好铺垫；更让德国人留下了一段“An unforgettable experience”，为本节课的话题产出做好了预设。考虑到农村孩子的英语基础相对薄弱，课堂40分钟内要学生完成阅读与写作训练，难度较大。为此，教师让他们提前在没有任何写作指导下完成第一稿，英语老师从中抽取三档习作，供课堂上学习和点评。

（二）课中导读

课中导读是读写结合的重要教学内容，是为写作积累和储备语言知识的重要途径。因此，教师在阅读训练中，应有目的地引导学生发现、学习，将阅读材料中的语言内容转化成自己的语言，进行有效的输出，为写作积累知识。另外，教师还应引导学生注重整篇的文体特征、结构特点，了解写作思路和语句的衔接关系。通过不同阅读策略的使用，让学生掌握与阅读材料类似的文段写作，提高表达的逻辑性。

本课的写作教学部分，结合学生已完成的第一稿，巧用了英语结果写作法，引导学生整体感知，理清思路、要点，寻找过渡词，学习文段写作的谋篇布局。再以建构主义理论下的过程写作法引导学生对自己的第一稿进行自评和小组互评，继而完成第二稿。

（三）课末浸润

本课虽是复习课，但整体的教学活动设计能达到放手让学生去复习和巩固旧知识的教学目标，学生也有充分的展示机会；通过对难忘的人或事的描写，让学生对身边的人和事懂得感恩，学会珍惜。而课后结语“Enjoy reading，enjoy life”，更是起到一语中的、画龙点睛的作用，很好地唤醒了学生阅读的乐趣，以达到注重英语学科核心素养落地的目的。

英国著名教育学家Harmer认为，“合理使用教科书堪称一门艺术，这门艺术随着实践经验的积累发挥得愈为精湛。”作为教师，无论教学什么教材，都需要对教材有明晰的认识，既有宏观上的把握，又有微观上的分析，由表及里，挖掘教材的丰富内涵，明确教学目标，关注策略培养。同时，要走到学生中去，深入了解学生的喜好、兴趣需求，根据当地的教学条件、个人教学风格，统整教材，为学而设。教师唯有用心分析课标和教材，并持之以恒地将听说读写的任务规划到教学中去，才能发挥教材的优势，弥补教材的不足，切实提高教师的专业素养，提高实际教学水平，为有效的课堂教学提供可靠的保证。

（江门市江海区景贤初级中学　钟燕青）

探析话题视角下的中考英语复习模式

——以中考话题16：Travel and Transport为例

一、课例背景

本课例是教师参加广东省"'百千万'培养对象走进乡村（阳春站）"教育活动的一节示范课。依组织方指定，教师上的这一节课务必是英语中考备考的写作课。基于教师前期主持"省百"专项课题"建构主义理论下初中英语过程写作教学的实践研究"，对英语过程写作有一定的理论认识和实践经验，教师设计了这一节话题视角下的写作复习课，希望能抛砖引玉，与同行们做深入的探讨与交流。

二、教学分析

1. 教学内容分析

本课例是新课标英语话题项目表（五级要求）24个话题中的"交通与出行"话题，要求学生重点掌握"享受旅行乐趣"和"绿色、安全出行"两大方面的内容。仁爱版英语八下 Unit 6 Topic 3"Enjoy Cycling"就是围绕"交通与出行"这一话题的。话题写作既是初中写作教学的重点，又是中考总复习阶段的难点，如何在备考复习阶段以话题为依托，帮助学生分类归档同一话题下的词汇和功能句，形成知识网络，是备考复习的关键。所以本课时设计将合理运用建构主义理论下的英语过程写作教学法，为学生搭建写作的脚手架，帮助学生在做好备考复习的同时也为话题写作建模。

2. 学生分析

本课例中的教学对象是阳春市实验学校及阳春市第四中学九年级的学生，两校学生英语基础比较悬殊，这给教师的备课、上课带来一定的挑战。处于备战中考阶段的他们已基本完成第一轮的复习，学生认识到立足书本的重要性，但还没形成系统的知识链；学生对英语话题有一定的了解，个别学生对英语写作有一定的畏难情绪。让学生们更多地关注语句、语篇、语境，形成科学的备考方法还稍需时日。

3. 教学目标

（1）Intelligent aims:

①Enable the students to revise the words and expressions of Travel and Transport.（帮助学生复习交通出行的词块）

②Enable the students to get information about mobike from the materials.（培养学生阅读文本及获取信息的能力）

③Enable the students to grasp how to write good articles in English step by step.（通过过程写作教学法帮助学生构建作文框架，提升写作的连贯性与逻辑性）

（2）Ability aims:

①Students can show out their choices about transport including cycling, and communicate with teachers and other learners.（能谈论出行方式的选择）

②Students can catch the information about mobike from materials.（能阅读文本材料，获取信息）

③Students will be able to write down certain messages and write an article about "Green Travel, Enjoy Cycling" in class.（能应用过程写作法完成写作任务）

4. 教学重点

（1）To learn to be a green cyclist.

（2）To get information from materials and write a good article about Green Travel, Enjoy Cycling in process of writing.

5. 教学设计思路

写作由词到词块到句块再到篇章，要给学生足够的输入量，学生才能有更好的产出。本节课教学过程如图所示：

6. 教学方法：过程写作教学法，任务型教学法

三、课例反思过程

（一）初始教学行为阶段

1. 简单回顾初始设计环节

高效的中考复习策略就是要立足于书本、重点关注语篇、语句、语境。近年中考英语大部分题目都创设了比较完整的或相对独立的语境，全面考查了学生语言知识的实际应用。教师尝试围绕初中英语的24个话题展开备考复习，选择了“Travel & Transport”这一话题，设计从词到词块到句块再到篇章的进阶式复习模式，试图帮助学生归纳概括同一话题下的复习要点。基于是异地送课，Part1语言输入部分首先从教师的交通出行工具为切入点，再引出教师本人的兴趣（旅行相关词汇）为Part2语言内化部分做铺垫，并让学生向授课教师推介阳春市的人文特色，以文本阅读形式融入共享元素mobike，呼吁学生绿色、安全出行。一切准备就绪后，完成Part3语言输出部分“Green Travel, Enjoy Cycling”的“话题式”过程写作，这也是本节课的教学重点，为基础稍弱的学生搭建英语话题写作的脚手架。

2. 问题诊断

教学思路与设计基本完成后，向我校九年级备课组完成说课，备课组成员纷纷提出疑问：归类的词汇量太大，耗时多，教学内容难以完成；在不了解学生基础的前提下，句子的设计可能难度较大，容易造成冷场；文本阅读以mobike为主题，但当时阳春市还没有共享单车，担心学生理解不透；话题写作采用六步过程写作法，学生初次接触，需时间消化理解这一写作模式，课程体量还是过大。

3. 改进措施

（1）编写导学稿，利用课前热身10分钟让学生提前熟悉学习内容，尤其词汇归类，让学生小组合作，写得越多越好。

（2）把“好句共赏”改为“完成句子”，降低学生而后的写作的难度，有需要的学生可借鉴这些典型句子。

（3）简化文本素材，降低信息卡问题的难度，提高学生答题正确率。

（4）导学稿中明确过程写作的完整步骤，为学生搭起写作的脚手架，引导学生逐步完成习作的产出；为降低写作难度，设计两篇“书面表达”供学生选择。

（二）重构教学行为阶段

1. 课堂教学新变化

为了能有真实的教学效果，教师选择了在九年级实力一般的班试教。学生对非本班的教师授课充满了新鲜感和期待，对“话题式”的词句篇章中考复习模式积极参与，能按部就班对导学稿中的过程写作设计基本完成，就连平时小测大考不写作文的学生都基本能完成前三步，把要点信息都罗列出来，虽有些词不达意，但起码这部分的学生能尽力地参与其中。

2. 仍存不足

教学任务虽在课时内基本完成，但各环节之间衔接还是不够自然流畅，略显赶场；词汇复习部分仍耗时较多；句块部分不够精简；从未有过的两篇“书面表达”居然令个别学生有了“选择困难症”，在决定写哪篇的环节耗费了时间。

3. 进一步改进

经过听课老师的研讨，大家一致建议学生已完成第一轮的复习，词汇复习部分可在导学稿的课前部分完成分类规整，供学生随时参考之用，Part1的导入部分以思维导图形式呈现本节课话题所需单词。Part2 的“句块设计”除了以阳春市本土人文特色外，还要紧扣本话题的重点句型，为接下来的写作做充分的预设。Part3 的“书面表达”提前让一天让学生以课后作业形式完成第一稿，做到先学后教，堂上让学生对照教师引导的“过程写作教学法”检视自己的习作，既让课堂更加紧凑、流畅，也让听课老师思考“话题式”的备考复习策略的可行性和有效性。

（三）生成教学行为阶段

Step I　Lead-in

1. Warming up.

Lead the students to talk about the pictures about green life. Guess words of Exercise and Transport to Bird Paradise in Xinhui.

【设计意图】呈现新会“小鸟天堂”的图片，陈述去年老师和她的朋友们的一次“小鸟天堂”之旅，让学生讨论适宜的出行方式，注重课堂的生成，归纳和积累出行与交通方式相关的词块，为后面的写作做好充分的准备。

2. Brainstorm.

Show pictures of the teacher's riding part by part to students, try to guess “Who is she? What is her favorite sport? Why does she like cycling best? ” Let the students speak as much as possible, especially the advantages of cycling.

【设计意图】摩拜单车对学生来说是一个新生事物。让学生从局部到全面地猜他们最亲近的英语老师租骑摩拜单车的图片，以此引起学生莫大的兴趣，通过谈论老师为什么喜欢骑行来归纳骑行的好处，为后面的写作做好铺垫。

3. Free talk with a student.

Ask and answer questions like this. “By the way, where are you from?

Now I have a half-day trip in…, and I'd like to cycle around. Where will I go? What is the popular food there? Shall we go together? …”

【设计意图】通过跟某一位来自他乡的学生的对话，呈现到异地短途出行的对话，既活跃了课堂气氛，也训练了学生的参与和分享，紧扣主题，活用语言。

Step Ⅱ Pre-writing

1. Check the words and sentences in homework paper sheets.

【设计意图】通过热身活动的设置，学生已基本完善了练习稿上思维导图的词块归纳。事实上，学生还能写出更多的词汇。接下来的一系列与出行和交通方式相关的完成句子，都是紧扣话题的好句，目的是让学生熟知好的文章离不开好词好句，能力稍逊的学生也能参考、活用这些句子。

2. Show the students a video about mobike. And let them try to catch “What is the video about?”

【设计意图】为鼓励学生积极参与活动，师生分享一段关于新生事物摩拜单车的全英视频，让学生对摩拜单车有了新的认识，迅速激发起学生对摩拜单车的兴趣，为接下来读写综合的阅读信息归纳做好预设。

3. Reading.

Read the passage carefully and fill in the information card. Before reading, pay attention to the key words of each question.

【设计意图】中考读写综合分为A.阅读短文，完成信息卡和B.书面表达。本活动是A部分，阅读主题为mobike的短文，完成短文填空，问题设置不难，但需学生注意细节地方，也是学生容易丢分之处，基础稍逊的学生需要教师提前做好解题方法的指导。

4. Check the answers of the information card with students one by one, pay attention to the details that most students missed.

【设计意图】检查信息卡答案，注意总结学生容易错过的一些信息，培养学生阅读、提取信息的能力，为B部分的书面表达审题环节做好准备。

Step Ⅲ While-writing

1. Raise students’ attention to the main elements of writing the article, especially the main points and sentence patterns. Lead students to discuss or write down the outline of “Green Travel and Enjoy Riding”.

【设计意图】引导学生完成英语过程写作的第一、二步：审题和列提纲。基础较好的学生可以独立完成，稍逊的学生可以通过小组讨论，明确写作的主题、时态、人称、要点等信息，并根据所给材料列出写作的提纲，让学生对写作主题及要点有充分的认识，做到心中有数。

2. Let students watch a Micro Learning Resource about how to write the main points of a good article step by step, then write the drafts in groups.

【设计意图】通过观看老师制作的一段录屏微课，明确写好文章主干的注意事项，为接下来的过程写作第三步：写第一稿，更加明确了方向。课后可以把微课发布到班QQ群里，方便个别学生进行多次观看学习。

Step Ⅳ Post-writing

1. Sharing.

Firstly, evaluate three students' sheets with three levels (So-so/Need to improve/Excellent) according to the main elements with the whole class. Then, students check the pieces by themselves; try to correct the mistakes as possible.

【设计意图】首先，教师抽取班上其中三个等次水平的学生习作，投影展示，让学生判断写得好的好在哪里，水平一般的欠缺什么，哪些环节有待改进。通过这一活动的创设，学生像照镜子一样审视自己的习作，进行过程写作的第四步：自查。学生首先要养成自我检查的习惯，尤其是避免人称、时态、单词拼写等的错误，及时对初稿进行补充和润色。

2. Evaluation.

Exchange the pieces with their partners and follow the rules the teacher has given before to evaluate them.

15

6 points for	Clear main points
beginning+1+2+3+ending	
6 points for	Wonderful language
spelling, tense, person, grammar...	
3 points for	Fluency (流畅性)
conjunctions, paragraphs, nice handwriting	

【设计意图】根据老师评分参考，小组内进行生生互评，既让学生互相学习别人的作品，也让学生乐于与他人分享自己的看法，学会交流、体验与分享学习的乐趣。

Step V　Summary & Assignment

1. Sum up.

Advise students to be a green traveler. Remind how to write a good article and rewrite this topic about "green travel & enjoy riding".

2. Sharing—— "I hear and I forget. I see and I remember. I do and I understand."

【设计意图】回顾本节课所学内容，简单总结如何写好一篇作文。通过本话题的学习，鼓励学生选择绿色出行方式，享受骑行的乐趣。最后，落实英语学科的核心素养——文化意识。通过杜威先生的名言勉励学生凡事都坐言起行，积极投入，主动参与其中。

四、教学反思

整个中考英语备考复习过程中，通过归纳和建构的方法，编织一个完整的知识网络，对学生而言，是非常有必要的。本节课旨在通过初中英语"话题式"复习模式，打破传统的单元之间、册之间的界限，更有目的、有步骤、有类别地对整个初中英语教学内容进行纵向、横向上的对比和归纳，更有效地帮助学生建立框架式的学习方法，掌握词汇、短语、句型、语法、篇章等方面的重要基础知识，辅以专项练习和综合练习，让学生学会融会贯通。

同时，话题写作是初中英语写作教学的重点和难点，学生能否写好一篇话题作文是检验英语学习效果的重要一笔，更是能否赢在中考英语最后一大题"读写综合"的关键。本节课"话题式"的过程性写作教学，旨在培养学生积累语言、规划结构、列出提纲、起草文稿、遣词造句和修改文章等的写作习惯和写作意识，帮助学生搭建写作的支架。教师在教学行为上践行"以生为本"的建构主义教学理念，以学生合作为主，创设合适的教学环境，让学生在互助互学过程中合作学习，这样不仅能够大幅度地提高学生复习的效率，也能够激发学生的学习兴趣，从而更加高效地进行中考英语复习，掌握灵活应用英语知识的能力。

（江门市江海区景贤初级中学　钟燕青）

初中英语听说教学与话题写作的有效融合

——以仁爱版英语九上 Unit 1 Topic 3 Section A 为例

一、课例背景

写作是初中学业考试的重要评价项目之一。但是学生面对该题具有极大的心理压力。于是，笔者对学生的写作困难进行归因，结合听说课型与话题写作的特征，对听说课与话题写作进行融合教学，以仁爱版英语九年级上册 Unit 1 Topic 3 Section A 为例。

二、教学分析

1. 教学内容分析

本节课教学内容为仁爱版英语九年级上册 Unit1 The Changing World。主要探讨我们身边的一些社会性的问题。Topic 3 是人口话题，以如何解决人口问题为中心展开讨论。而 Section A 对纽约过去和现在的状况进行对比，让学生从最直观的方面出发，感受社会的变迁带来的便捷，引导学生发现生活中的美，从而热爱生活。

在语言学习方面，学生已经掌握现在完成时的基本用法。本节要重点学习完成时与时间状语连用。另外，通过积累，学会用对比的手法，结合连词的使用，对事物进行表述，借助文章，模仿学习，学会用口语表达个人的所见所闻以及个人的想法，初步形成篇章。

2. 学生分析

学生已经对世界的变化有所了解，积累了一定的词汇，对事物有自己的看法。而本节课则是从美好生活开始探讨，让学生比较过去与现在的生活，从对比中感受生活、环境的变化，感受美好生活带给人们幸福，让学生学会珍惜美好生活。

3. 教学目标

（1）让学生能在听力材料中会读并且理解新词汇的意义：change，get used to，in the past，improve，as a matter of fact，since；

（2）通过听力训练，让学生获取有关城市面貌变化的描述；通过模仿、跟读对话，让学生学会用正确的表达方式描述一个地方的面貌；

（3）通过说的操练，令学生熟悉现在完成时的结构，并模仿运用完成时来描述城市的过去及现在发生的变化；

（4）通过有关家乡变化的话题探讨，激发学生表达的欲望，同时通过小组分享培养其交流探究的团队合作精神。

4. 教学重点、难点

教学重点：发展学生的听、说能力，模仿学习现在完成时，并学会运用它来描述事物的变化。

教学难点：用新词汇与完成时来口头描述事物的变迁，初步形成口头作文。

5. 教学设计思路

本课是一节关于纽约市的变化的听说课，以听说训练为主，融合写作的关键要素，以社会改变为主题，开展口头表达训练。教师通过视频导入，创设交际的情境，让学生从视觉、听觉两方面观察和感受社会生活的美好变化，在情境中习得新词汇，通过教师的示范引导，模仿学习完成时，并通过话题触发学生思维活动，敢于、乐于用口头描述社会的美好变化，最终提升学生听力理解能力、口头表达能力以及帮助其养成善于观察、勤于思考的良好的英语学习习惯。

6. 教学方法

任务型教学方法、情境交际法

三、课例反思过程

1. 初始教学行为阶段

（1）初始设计环节

首先，教师借助图片复习上一节课的重点词汇，让学生重温旧知识。教师展示江门市容市貌变化图片，通过提问，激发学生思考和兴趣并把本课新词汇写在黑板上，突出教学重点。然后，播放听力对话内容。要求学生完成选择和补充完整短文内容，让学生学会抓取关键信息。接下来操练新词汇，完成句子，短文填空，通过从词到句到篇章，让学生一步步掌握语言知识，内化成个人的墨知语言。最后，回归社会变化的主题，呼应"江门的变化"，让学生以4人小组为单位进行合作学习，讨论收集意见，形成篇章，在班上作展示，教师给予评价。

（2）课堂现状

课堂活动内容多，信息量太大，学生没能抓住要点，由于输入不顺畅，在写作输出部分显得不够顺利。

（3）问题诊断

本节课活动设计丰富，但编排紧密。引入部分复习旧知识和展示江门新变化，有重复之处。另外，活动内容多，学生没有足够的时间消化、吸收，致使学生的产出环节不顺畅，教学没有收到预期效果。

（4）改进

把江门新变化图片改为播放江门市容市貌视频，更生动形象。然后，学生头脑风暴展开联想，描述自己所看所想。另外，在巩固练习活动设计方面，删减一些低效的活动环节。让学生在主要教学活动中有更充裕的时间去消化吸收。

2. 重构教学行为阶段

（1）课堂教学新变化

学生对江门变迁兴趣甚浓，观看视频后纷纷积极举手发言。另外，教学活动精简了，学生有更充裕的时间完成任务，在口头表达方面有进步。

（2）仍存不足

句子翻译环节有一定的难度，大部分学生的作答不准确。老师见此状况就急于让全体学生一起完成，效果未能达到预期。最后环节的巩固练习，老师借助图片，引导学生复述对话内容。但是图片的选择、编排和处理欠科学。学生在复述时没能读出图片的信息。图片不单没能帮助学生，反而造成了新的难题。

（3）进一步改进

在导入部分，老师在介绍本节课的教学目标后，直接从昨天的内容导入视频"As we know，great changes have taken place in China. So has Jiangmen."视频过后，给学生更充分的时间复习、思考、头脑风暴。当学生遇到困难时，老师可以让学生两两结队进行互助互学。如此，学生的参与度及思维的活跃性可以得以保持。老师可以选择主题更突出的图片，并在图片的下方给出文字的提示，降低复述的难度。这样可以帮助学生更顺畅地完成复述活动，甚至让更多的学生可以参与当中。

3. 生成教学行为阶段

Step 1　本节课教学目标

1. 教师展示本节课的教学目标，以及需要学生的学习品质。

T：We are going to learn the changes in some cities. We need to take part in the activities and try our best to listen，speak and imitate.

【设计意图】介绍本节课的学习目标，让学生对本节英语课学习有明确的目标。

Step 2　情景导入

1. 播放一段关于江门新区变化的视频，老师提出两个问题：

T：What is happening in China?　What do you think of the changes?（老师引领学生谈谈江门的变化。）

T：What changes can you see in Jiangmen?

Ss：There are more and more ring roads. The buildings are taller and taller …（老师把学生的意见、看法用词组的形式记录在黑板。）

【设计意图】视频是新旧知识的纽带，通过回顾，让学生温故，同时也是引出本节课要讲的话题——城市变化。学生通过回忆、表述、复习之前的知识内容，做好语言的积累。

Step 3 听力训练

1. 老师播放两次课文录音，要求学生做两道选择题和短文填空。

T：Let's read aloud the two questions and find out the correct answer.

Ss：Which city are they talking about? How is it now?（朗读题目，提醒学生注意抓取关键词。）

T：Please fill in the blanks according to the dialogue.（学生根据对话内容填写信息，进一步关注重点词汇与句型。）

【设计意图】第一次听力，训练学生的听力能力，以及应试能力、获取关键信息的能力。第二次听力让学生学会抓住关键点去听，达到集中精神的目的；同时也重点突出本节课要学习的关键词汇。

Step 4 听力后任务

1. 学生深入文章，查找重点词汇完成翻译句子。

T：Please translate the sentences by yourself first. If you can't do it，you can discuss with your partner.

2. 学生一起朗读课文一次，然后借助图片及关键词对课文内容进行复述。

T：Now let's read aloud the dialogue and try to retell it after reading.

Ss：(read the dialogue together)

T：Now everyone of you have 1 minute to prepare for retelling with the help of the pictures.

Ss：(practice indevidualy)

老师根据时间，请两位学生进行复述，并给予积极或鼓励性评价。

3. 布置作文"Changes in Jiangmen"，请同学们先分组讨论，形成初稿，再作口头汇报，老师作口头评价。

T：Please discuss in groups within 4 students on "Changes in Jiangmen" . Try your best to think and to speak. Then write an outline and try to give a speech in class after discussing.

Ss:(discuss and write)

老师评价多以鼓励性的积极评价为主。

4.小结并布置作业：背诵对话；以“Changes in Jiangmen”为题目写一写江门市容市貌发生的变化。

【设计意图】从词到句到篇章，通过一系列的巩固练习，逐步培养学生正确的语感。借助学生熟悉的话题，调动学生思维，运用语言知识解决话题写作难题。从最简单的复述开始，一步一步树立学生用英语表达的信心，打开话题写作的思维空间，帮助学生化繁为简，化难为易，构建写作的思维模式以及学习语言的系统模式。

四、教学反思

根据笔者对初中生英语写作教学的实践、调查，绝大部分的学生在硬件和软件两方面都存在欠缺。硬件体现在学生对基础句型、表达方式掌握不了，或者不牢固，形成中式英语，软件则主要是学生的思维能力、迁移能力，甚至是心理存在问题，导致不能学以致用。于是，笔者对学生的写作困难进行归因，结合听说课型与话题写作的特征，对听说课与话题写作进行融合教学。

1. 查找教学缺口，做到精准教学

要进行融合教学，首先必须对任教的班级做好调查研究，找出问题所在，然后才能定思路和方法。因此，教师在课堂教学之前，基于写作目的，对本班学生进行过程写作困难归因研究。比如说理不深刻，泛泛而谈；说事不会细致描述，印象不深刻，有事说不清；话题写作不会取材，缺乏生活体验或者观察能力不等。只有对学生写作困难进行分析归类，口语课课堂教学活动的设计才更有针对性，才能做到精准教学，有效帮助学生解决写作困难。

2. 以输出成果为导向，生成知识链，为写作搭建框架

在写作困难调查研究后，教师就可以按照班级的特点与水平，对口语课堂进行活动设计。当中，关键是活动的设计或者课程的安排必须融合写作的过程性教学。听和说是语言学习的基本途径也是简单途径，如果教师的教学能在这个环节

里以听和说为基本方法，对听说的内容加以整理，从词到句到篇章，一气呵成，并且给学生足够的训练机会，从深度上加以挖掘，那么口语课堂将会大大推动写作能力的发展。特别是在口语课堂最后部分，老师可以根据课本内容，对话题进行拓展、深挖，引导学生运用语言，开拓英语思维，培养写作能力，对学生的学习能力也是有莫大的帮助。

3. 借小组合作模式，提高教与学实效

英语口语课堂融合写作教学，当中不可忽视小组合作的学习模式。学生之间无法避免差别的存在，光靠老师一个人的力量，是不太现实的，效果也是微乎其微的。而小组合作学习模式，可以弥补这个不足。在小组进行讨论过程中，通过老师的监督，帮助学生解决一些表达的方面的疑难，并引导学生进行小组互助。在小组中，学生通过模仿同伴，与同伴互助，他们也可以习得语言，并且参与度、积极性有了明显的提高。

总之，听和说是学习语言的必不可少的步骤和过程。其模式简单，形式多样，因此大受学生欢迎。利用这个特点，在听说课堂里融合写作的练习，为学生降低难度，创设更多的情境或者留下一些开发性的思考题，可以让学生逐渐学会观察生活、迁移知识，而学生的学习信心、写作能力自然就形成了。写作能力的提高不能一蹴而就，它需要老师和学生长期的磨合、长期的培训才能形成。作为老师，任务就是让学生保有一颗热爱学习的心，让学生的学习变得既有趣又有意义。

（江门市第十一中学　区盈好）

基于翻转课堂模式的英语听说教学课例研究

——以江门市中考英语听说考试复习课为例

一、课例背景

1. 教情分析

江门市中考英语听说考试总分为25分。前两部分是听对话或听短文，选答案；第三部分是朗读句子；第四部分是听短文，回答问题。中考英语听说考试主要考查学生的听力和口语技能。

听力技能是指学生对口头语言材料的理解能力以及口头语言材料中获取信息的能力。在理解信息的基础上，学生还要能够对信息进行判断、归纳和综合。

口语技能是指学生在真实语境中沟通信息、描述事物、表达情感、发表观点和意见的能力。口语考试主要考查学生口头表达的实际效果，兼顾流利性和准确性。

笔者所任教的学校使用的外语教学与研究出版社出版的九年级上册英语教材，本次实验的课题是Module 11 Photos Unit 1 He’s the boy who won the photo competition last year。学生需要掌握的内容是：

（1）学习关系代词who，which引导的定语从句。

（2）学习新词汇：general，standard，feeling，difficulty，add，recently，menu。

2. 学情分析

江门市第一中学景贤学校初三学生共46人，在初二上学期英语期末考试听力中，这些学生的平均分为17.5分，满分为25分。学生之间的英语基础差距较大，接受能力有所不同，完全依靠课堂的统一步调学习，会导致课堂效率不高。传统英语课堂听说教学模式和评价方式单一，学生学习兴趣不高。结合学校对微课教学的实验，鼓励学生回家利用电脑或手机，自行回家在网上练习英语听说。

3. 教学重点、难点

（1）灵活运用who，which引导的定语从句。

（2）掌握词汇及句型。

4. 教学目标

（1）让学生能够分辨出听力独白中含who和which引导的定语从句的句子，并理解定语从句的基本意义，选择正确的选项，提高听力理解的水平。

（2）让学生能够模仿视频中出现的定语从句，正确使用who和which引导的定语从句描述身边的人和事物。

（3）让学生能正确运用听的技能，理解听力独白及视频中的英语对话，获取关键信息，提升整体听力理解水平。

（4）通过模仿学习，让学生在英语配音、复述等活动中强化英语听说技能，树立其对英语学习的信心。

5. 教学设计思路

本节听说课采用翻转课堂的模式。上课前，学生先学微课，上课时，教师再指导，同时学生进行小组互助，巩固新知，教师点评。课后，教师布置作业，学生除完成作业外，再次预习新课。

6. 教学方法

翻转课堂教学、自主学习法、任务型教学法、小组合作学习、交际法等。

三、课例反思过程

1. 初始教学行为阶段

（1）初始设计

在上课前，学生先独立观看教师提前录制英语听说技巧的微课。教师在翼课网上布置作业，学生用手机或电脑自行在家上网完成读记词语、词语听写、选词填空、词语填空、单项选择、对话跟读、课文跟读、找目标语和听力理解等练习，知道新授课的重点词汇。其中听力理解部分是江门市中考英语听说考试的题型。学生根据小测的错题，自主总结知识要点。学生除了完成指定的作业外，还可以做课外的练习，例如电影趣味配音等。

学生完成后，老师通过网站平台监控学生完成的情况，分析难点。在上课时，学生分组互评新练习，巩固知识，完成知识的内化。老师发现学生掌握得不太好的知识点和难题，在课堂上进行重点讲评。

（2）问题诊断

部分学生没有完成翼课网的听说作业。有的学生是忘记密码，有的学生是不会操作手机，有的学生没有完成英语听说作业，趁机玩手机游戏。

（3）改进建议

教师课前布置观看微课和听说作业时，要求学生在规定的时间内完成，家长协助教师监督学生使用移动终端。学生观看微课前，教师对学生提问。学生看完微课后，回答问题，并完成预习作业。

2. 重构教学行为阶段

（1）试教效果

学生对使用移动终端学习英语非常感兴趣，课堂气氛活跃。教学任务分配过多，教学时间不足。热身环节中，新知识点讲解时间过长，评讲听说测试过多。此外，受网速的影响，导致课堂停顿。

（2）不足之处

虽然课前翼课网有学生的听说测试成绩，但是课中教师缺乏对学生堂上测试进行即时评价。学生之间没有交流，小组合作活动太少。

（3）改进建议

精简热身环节的知识点拨，只评讲重点题目或典型错误。上课期间，利用翼课网语音电脑评分功能和小测评分功能对学生进行即时评价，加强学生的竞争意识，鼓励学生多参与课堂活动。另外，布置小组合作任务，加强学生与学生之间的口语交流，让学生们相互帮助、相互提高。还有，上课前要测试好电脑设备等，确保课堂顺利进行。

3. 生成教学行为阶段

教学过程

Step 1 Revision and warming-up.

1. Check the result of listening and speaking exercise online and give some comment.

2. Have the students see some pictures about BEYOND，MAYDAY，The Beatles，The Blues，Boys etc. and answer questions. Then introduce the title.

【设计意图】课前检查学生在网上进行听说测试的成绩结果，并进行评价。展示乐队图片，调动他们的学习热情，导入新课。

Step 2 Pre-task.

1. Learn the new words. The students can learn by themselves，ask and answer the questions about the study in groups. If they have any difficulties，the teacher can help them work out.

2. Work in pairs. Look at the pictures and say what is happening.

【设计意图】学生自主预习新词，小组互帮互助释疑解惑。如果他们有任何困难，老师可以帮助他们解决难题。向学生展示教学图片，鼓励学生尽量用英语描述图中人物的动作、表情。

Step 3 While-task.

Task1：Listen and complete the sentences. 听 Activity 2 的内容补充1—3题的空白处，并核对答案。

Task 2：Listen to the dialogue and answer five questions. 听 Activity 3 中的对话回答文后的5个问题，并让各学习小组组长将答案展示出来。

【设计意图】通过听力训练，锻炼学生听的能力，也进一步熟悉了本课的重点词汇。

Task 3：Reading.

1. Organize the students to read the conversation with the video and underline the attributive clauses with that in context.

2. Ask the students to read the conversation in groups

3. Organize the students to have a competition：Read the conversation in groups and choose the best group.

4. Find the words in the box in Activity 4.Then choose the correct answers. Ask some students to read the answers. Let them read it again and complete the passage with proper words. Then answer.

5. The teacher help the students to solve the difficult language points.

【设计意图】让学生跟读对话，注意发音、语调和停顿的地方。学生自己去找文中的重点知识，发挥学生自主学习的能力。完成活动3的练习，学生以小组为单位互评互改，巩固加深知识点的目的。如果碰到本课难点，教师指导学生解决。

Step 4 Post-task: Role playing.

1. Act out the dialogue.

2. Listen to Activity 5 and mark the words which the speaker links.

3. Organize the students to describe photos and guess.

Student A：Choose a photo in this book and describe it to Student B.

Student B：Listen to Student A's description of the photo. Guess which photo he/she is describing.

—There's a basketball player who's scoring a point.

—Is it in Module 8?

【设计意图】选几组学生分角色表演对话，使学生进入情境中，能使他们更好地理解课文，同时也锻炼了学生的口语表达能力。听Activity 5中1—2句子，并且标出读音连读的部分，再听一遍录音并且跟读，注意语调和发音。听录音，提高学生的听力水平；找学生对话，使学生进入对话情境中，锻炼学生英语口语能力。

Step 5 Summary.

【设计意图】引导学生总结这节课所学习的短语、句型和语法。

Step 6 Homework.

1. Memorize the new words and phrases.

2. Remember the sentences.

3. Watch the Micro-Course Online Video, preview the new words and expressions in next lesson and finish the exercise online.

【设计意图】学生背诵新课单词、短语和句子，观看微课并且预习新课词汇和完成翼课网上的练习。

四、教学反思

1. 教学分析

从学生方面来看，各个学生英语水平参差不齐，部分学生英语基础较差，很多不敢开口说英语，缺乏有效的英语学习策略和学习方法的指导。初三学生已意识到学习英语的必要性和重要性，但学习动力不足，氛围不厚。这种以练习英语听说为主的翻转课堂，先学后教，以学定教，是适合初三学生的。与其他科目相比，英语在网上有着更加丰富的教育资源，作为课前学习材料。另外，老师也可以根据学生的实际情况录制微课，将视频上传到网站平台，供学生预习使用。

从教师方面来看，目前课堂上主要传授知识，师生互动不足，班级人数较多，难以顾及每个学生的学习特点和不足。翻转课堂教学模式利用网上学习资源，提供更多的学习和训练的机会给学生，学生可进行个性化学习。教师可通过课前测试、课中练习和课后作业来检查学生的听说成绩。就这节课来说，学生在课前通过观看微课，初步复习词汇，完成自我评测后，老师根据学生的成绩，有针对性地设计上课内容，更利于学生突破难点。学生掌握基础知识后，老师再进行知识拓展，先易后难，更利于知识的深化。

2. 原理分析

经过接近半个学期的教学实验，笔者通过文献研究、访谈和实验研究等方法，在网络空间上累积了学生英语听说模拟考试的数据，通过对这些研究结果进行分析，总结出以下结论：

（1）翻转课堂模式对初中英语听说教学的促进作用

翻转课堂与传统课堂不同，学生在课前进行个性化学习，满足基础不同的学生需求，缩小学生之间的英语水平差异。Krashen认为，教师在准备听说课教学微课时，应考虑学生之前的认知水平，保证输入材料的可理解性，尽量贴近学生生活。由于学生课前有充足的预习和知识输入，他们能带着疑问进课堂，通过师生互动和生生互动，掌握更多的知识点，获得更多的机会去训练英语口语，提高了参与度。授课学生在初三上学期期中考试听力平均分有所提高，再整合课前和课后的测试结果可知，翻转课堂能提高学生的听说成绩。

（2）翻转课堂模式在初中英语听说教学中遇到的问题

与传统课堂不同，翻转课堂对教师的计算机水平有更高的要求，需要学生更加自觉地进行自主学习和合作学习，还需要家长配合监督，毕竟初中生的自制力还是不够的。在实验教学的过程中，虽然因为设备或网络问题，出现故障，但也因为有微课这种鲜活丰富的学习资源，增加学生学习英语的兴趣和动力。先学后教的翻转课堂，让教师更好地组织和管理课堂，增加学生之间的互动，提高学生学习效率，提升学生自学能力、合作能力、组织能力、表达能力等。

（江门市第一中学景贤学校　李英颖）

探究塑造学生文化品格的初中英语听说教学

——以仁爱版英语七上Unit 4 Topic 1 Section C教学为例

一、课例背景

本课例结合英语学科核心素养之文化品格的塑造及当前初中英语听说课的现状，深入课堂的实践，探究“ESA教学模式+塑造学生文化品格”听说课教学模式，以提高初中生实现语言输出效度。

二、学情分析

1. 教学内容分析

本文的教学内容选自仁爱版英语七年级上册第四单元Section C为例，本单元的话题是What Can I Do for you? Section A和Section B涉及了本话题的一些句型和词汇，比如说购物的句型，询问意见的问句以及几十以上的数字的表达，让学生在前两课的学习中对表达自己的购物需求有一定基础，也让Section C进一步学习相关内容变得更为容易。

2. 学生分析

本课的教学对象是江门市江海区礼乐中学七年级的学生。七年级学生活泼开朗，学习积极性较高，但注意力的持续时间也较短，以及大部分学生来自农村，英语基础相对于城市的学生会弱一些，而且班上学生的英语基础也处于两极分化的情况。根据以上这些特点，教学设计上应与七年级学生的语言知识和语言能力以及这个阶段的智力和心理发展水平相适应，同时在主题和活动设计上应尽量让学生感到有趣味性和挑战性，鼓励他们多思考，多说。

3. 教学目标

（1）正确分辨可数名词和不可数名词及学习如何表达他们的数量，并区分和正确使用how much与how many。

（2）能听懂询问数量和重量等购物交际用语，并模仿课文对话，按照给出的情境、拟定合适的购物清单，并与同伴完成简单的购物对话。

（3）通过听和读理解购物对话的大意，获取购物中的关键信息，并作笔头记录，学习提升听力理解的方法和策略。

（4）在预设的情境中进行购物实践，提升语言交际能力，并了解中西购物文化的差异，树立正确的购物观、消费观。

4. 教学思路

本听说课将以循序渐进塑造文化品格为中心，结合ESA教学模式，从文化知识，文化理解力、跨文化交际意识和能力三个层次来设计并组织教学，分别是“选择合适切入点，激活文化认知——指导归纳知识，学会文化包容——创设真实情境，活用文化精髓”三个主要环节。这样的设计让学生对文化先从浅层次的文化感知渐升为较深层次的文化包容，最后达到深层次的跨文化交际能力的螺旋上升。

三、课例研究过程

1. 初始教学行为阶段

（1）设计回顾

备课时，因临近圣诞节，所以授课教师就设计以圣诞节购物为主线，将本课时的内容串联起来，让学生觉得这是一个有情节、有发展的故事，而不是机械地完成课堂任务。因此，授课教师将教学内容进行了两大调整：①整合教材的教学任务和顺序。考虑到学生的学习发展规律和语言输出遵守的字词句规律，所以将2提前至1b后。②调整教材提供的任务。考虑到学生的最近发展区和语境真实程度，文本教学任务完成后，设置一个根据购物清单编写购物对话环节，以此形成完整的语言输出情境。

（2）观察发现及问题诊断

指导归纳知识阶段，ESA教学模式不完整。ESA教学模式的特点是在掌握了知识后，让学生在真实的情境中使用，实现有效的语言输出。

文本教学阶段，活动数量偏少，学生难以有效掌握文本内容，对后面达到较深层次的文化包容和最后的有效语言输出的顺利完成也存在困难。

（3）改进建议

在引导学生自行归纳语言知识后，创设情境，增加一个活用环节。此环节既给学生活用知识提供一次机会，也是对学生掌握文本内容情况的一个检测。

在文本教学阶段，增加活动数量和形式以及活动的深度。教学活动要能让学生从听、说、读、写等形式中了解文本，也能让学生深层次地思考文本内容。

2. 重构教学行为阶段（第一教学班授课）

（1）课堂教学发现的积极变化

文化渗透。课前的10分钟休息时间，播放圣诞节歌曲《Wish You A Merry Christmas》，学生在潜意识里都会对此歌曲留下印象，预热塑造文化品格。

活用环节。在指导归纳知识阶段，创设情境，传递出人们应该要友爱互助的信息，对学生文化品格塑造有促进作用。

文本学习。针对课本中文本配套的练习偏少的情况，授课教师增加了听力练习、朗读并完成信息卡等，任务层层递进，促进学生深层思考。

（2）课堂教学尚存在的不足

缺少做题策略，导致看图完成购物对话任务超时；情境设置不够真实，难以进行真实有效的语言输出；根据购物清单编写对话环节，有些学生比较茫然。

（3）进一步改进建议

在学生进行看图完成对话任务之前，先告诉同学做此类型题目的做题策略。

重新设置商品价格，贴近现实的商品价格以及优惠，但是没有唯一最优答案，且有多种答案组合。在编对话环节提供一个对话模板供参考，帮助基础差一些的同学顺利完成此环节，增强其学习英语的兴趣与信心。

3. 生成教学行为阶段

Step 1 选择合适切入点，激活文化认知

教师以圣诞歌曲、圣诞节图片等为媒介，开展头脑风暴活动，激活学生已有的知识，激发学生对此课的兴趣。

（1）开始上课前播放歌曲《Wish You A Merry Christmas》，接着教师向同学们问好。展示圣诞老人的图片，并提问学生图片中的人物是谁。

（2）教师用幻灯片播放人们庆祝圣诞节的小视频，并告诉学生注意观看有哪些庆祝方式。

（3）教师告诉学生：我们也会举行一个圣诞聚会，但是在聚会上没有任何食物和饮料。我们需要列一个 shopping list.

【设计意图】通过图片和视频的展示，直观、生动地吸引学生的注意力，感受到圣诞节的气氛，让学生已有的知识激活，在这样的情境中让学生列一个圣诞节购物清单，学生很乐意而且轻松地完成此任务，为下一步骤的顺利进行做好了兴趣和知识的铺垫。

Step 2 指导归纳知识，学会文化包容

（1）教师表示对上一环节中同学们的购物清单满意，引导同学们去超市购物，创设超市购物的场景。

（2）教师展示更多的商品，让学生了解不同商品不同的单位表达。

（3）教师根据学生的购物清单内容，引导学生进行不可数名词数的表达法的归纳，然后操练以及引出 how much 和 how many 的使用。

（4）游戏：Dino needs …

在聚会中，Dino 非常饿，让我们给 Dino 一些东西吃吧。图片闪过，让学生抢答，站起来大声说出来。

【设计意图】以举行圣诞聚会为由，让学生一步步进入情景，列出清单，超

市买东西，引出不可数名词量的表达，然后进行多图展示，操练不可数名词量的表达与引出how much 和how many 的使用。最后一个游戏环节既是对本课重要内容的巩固，也是对学生助人为乐行为的一种隐形教育，同时游戏中的Dino是学生小学时课本中的一个卡通人物，让学生充满亲切感。在这一系列的活动中，学生通过自己对此内容的归纳，完成从兴趣到知识的转变，同时可以提高学生对文化差异的敏锐度。

Step 3 呈现不同形式活动，深层次理解文章

教师延续上一个在超市中购物的情景，讲述在此处遇见了好朋友Ben，自然过渡到文章学习。

（1）听1a录音，完成判断题。

（2）再次阅读1a，选择正确答案。

（3）齐读1a，完成Ben的购物清单。

（4）快问快答，完成1b。

（5）看图完成2。

Ben为圣诞节购物，而Ben家的蚂蚁也忙着过圣诞。要求同学看图填空。

【设计意图】让学生以听和其他多种方式了解、熟悉文章，在此过程中关注细节，同时也让学生根据在听中获取的信息进行推理，让学生保持注意力集中的同时让学生对前面的输入有一个深层次的理解。

Step 4 创设真实情境，活用文化精髓

（1）完成圣诞老人的购物清单

因为Dino吃太多东西了，所以现在圣诞老人还想再给圣诞聚会添置一些食物，但是他只有100元，请小组内讨论，帮助圣诞老人完成他的购物清单。

（2）根据你们小组所列的购物清单，完成购物对话。然后表演对话。

【设计意图】学生在Engage（投入）环节获得了充分的语言输入，教师在Study（学习）环节也搭建了不少支架，Activate（活动）环节就是让学生通过语言输出进一步巩固本节课的内容。同时让他们进一步加深对购物的理解，培养学生的互帮互助之心，树立正确的价值观和消费观，塑造良好的文化品格。

Step 5 复习课堂内容，夯实本课目标

复习本课所学的不可数名词表达法以及询问量。

家庭作业：完成你与圣诞老人的购物对话。

【设计意图】该环节是课堂任务的延伸，旨在培养学生复习和巩固所学内容的习惯，让学生对自己的学习掌握程度有所了解。

四、教学反思

通过此次课例研究，对在课例开始前提出的两个问题，笔者对其答案得出了一些感悟。

1. 有效地设计塑造学生文化品格的听说课

在教学设计中一定要坚持循序渐进的原则，将塑造学生文化品格的三个层次融入教学步骤中，在此处笔者将ESA教学模式中的投入、学习、活动三个环节分别对应塑造文化品格的文化知识、文化理解力、跨文化交际意识和能力三层次相结合，既符合学生的感知、学习规律，又让学生的文化素养在一节课后又提升了一小步。

虽然塑造学生文化品质不是立刻就能看到成效的，可能教师自己也会迷茫这样做是否会有成效，但是希望教师们能坚信只要播种了优秀的种子，那就静待花开，你的学生不会让你失望的。

2. “ESA教学模式+塑造学生文化品格”教学模式能否增加听说课中学生实现有效语言输出的人数。

在每次上课后，笔者对各个上课班级的学生进行了抽样了解。结果显示在第一授课班级完成了最后语言输出的学生是35人，而在第二授课班级完成的学生是48人。在全年级的一课一测中，两个授课班在语言输出这一题的平均得分率也比其他常规上课班级的得分率要高13个点。其中第二授课班的得分率比第一授课班的得分率高出8个点。

在以往常规的听说教学中，在最后的环节举手回答的学生会比前面环节的学生人数少很多，但是在第二次授课中最后环节，举手回答的学生人数依然很多。课后采访中，大部分学生表示这一次的英语课自己上得很开心，既听了歌，了解了圣诞节又学到了知识，一点也不觉得无聊，相反全程都很有激情。语言输出环节也觉得很有趣，非常想试一试自己平时在数学课上学的解方程在英语课上是否可以用得上，而且觉得这一次的语言输出不是很难，很简单，能够帮助到圣诞老人，自己很开心。

最后，从课堂实践和课标的要求来看，初中英语听说教学可以塑造学生的文化品格。听说教学可以在投入环节让学生感知文化，在学习环节学会包容文化差异，在活动环节吸收各文化精髓，增加爱国主义意识，形成良好的跨文化交际能力。2016年李静提出，教师一定要在教学中注意塑造学生的文化品格，因为文化差异是影响语言有效交流的重要因素。教师在平时的教学中一定要做有心人，随时把握契机将文化品格塑造渗透在教学的点点滴滴中。

（江门市江海区礼乐中学　周勤）

探究主题意义下的初中英语深度阅读教学

——以外研版八年级下册Module 9 Unit 2 I believe that the world is what you think it is.为例

一、课例背景

本课例是在广东省江门市“五邑名师大讲堂”系列展示活动（第七场）暨广东省钟燕青名教师工作室跟岗研训活动的阅读展示课，由江门市江海区景贤初级中学的郑丽斌老师执教，指导教师是广东省钟燕青名师工作室主持人钟燕青老师和工作室核心成员区盈好老师。课例材料自选，整节课时长40分钟。

二、学情分析

（一）教学内容分析

外研版初中英语（新标准2013年版）八年级下册教材包括10个学习模块和2个复习模块。每个学习模块包括3个单元：第一单元以培养学生听说能力为主，包括词汇、语法和语音学习；第二单元以培养学生的读写能力为主，包括语篇阅读和写作任务；第三单元以综合语言运用为主，包括本模块所学语法结构与词汇活动等。本课例选用该教材的Module 9 Unit 2 I believe that the world is what you think it is，为读写课第一课时。

本单元的阅读语篇属于故事类记叙文。全文共八段，以“时间”为明线和“情绪”为暗线，讲述作者张蓓因为一个女孩的微笑改变自己生活的故事。第一部分为第1—2段，交代故事发生的时间、人物、地点和背景，即进入新学校，张蓓因为无人认识而感到非常孤独。第二部分为第3—6段，直到一天，一个女孩在教室里经过张蓓身边时，突然转身对她微笑，这个微笑让张蓓感受了温暖和友善。第三部分为第7—8段，从此她打开了心扉，开始与其他同学结交朋友，收获了真挚的友谊。

（二）学生分析

本节课授课对象是初二年级的学生。在知识水平方面，学生在第一单元听说课中已经掌握了与“友谊”相关的表达以及that引导的宾语从句，为本节阅读课打下一定的语言基础。在交友经验方面，学生通过小学毕业进入新的初中，对作者进入新环境遇到的苦恼，感同身受。在能力表现方面，授课班级在之前的教学实践中，能够运用一定的阅读策略，获得语篇的表层信息，但对语篇梳理和归纳能力还有待进一步加强。

（三）教学目标

基于以上教学内容和学情分析，教师制定教学目标，经过本节课的学习，学生能够：

（1）根据记叙文五要素，获取故事的背景信息；

（2）概括梳理出文本的结构、故事发展的“明线”和“暗线”等结构化知识；

（3）基于问题链，分析人物行为的深层原因与作者的写作意图；

（4）理解微笑的重要性，拥有积极向上的交友心态。

（四）教学设计思路

1. 研读语篇，确定主题意义

语篇研读就是对语篇的主题、内容、文体结构、语言特点、作者观点等进行深入的解读。语篇研读能明确作者的意图和价值取向，就是能明确语篇所要传递的主题意义。明确主题意义，是开展有效教学设计的逻辑起点，是创设合理的教学活动的前提。

2. 创设活动，探究主题意义

确定主题意义后，结合英语学习活动观，教师将设计学习理解和应用实践等学习活动，目的是调动学生已有的基于该主题的经验，建构和完善新的知识结构，推动对主题的深度学习，树立正确的世界观、人生观和价值观。

3. 联系实际，运用主题意义

有了对主题意义的深度理解后，学生已经初步具备了正确的观念、必备品格和关键能力。教师将通过迁移创新类活动，创设新的情境，指导学生运用主题意义去解决生活中的实际问题，促进英语核心素养的形成和发展。

三、课例研究过程

（一）初始教学行为阶段

1. 设计回顾

本节课的语篇分析如下：

【What】本单元的主题——“良好的人际关系与人际交往”是“人与社会”范畴的子主题，讲述了小女孩张蓓因一个微笑改变人生的故事。

【Why】作者通过交友经历，感悟到改变自己的，除了女孩无意间的微笑，更重要的是自己看待世界的方式。

【How】语篇以“时间”和“情绪”两条线索为轴，围绕记叙文的（when，who，what，where，why）五要素展开，可以更好让读者把握故事类记叙文的整体框架。

初步设计如下：首先，观看学生的微笑合照，引入新课“a beautiful smile”。导入后，结合图片运用手势动作，教授生词和短语。接着，（1）观看课文插图，猜测课文内容，快速阅读，引导学生从记叙文要素（who，what，when，where，why）五个方面，概括文本的主旨大意；（2）借助“故事山”框架，分段细读，帮助学生提取文本信息、梳理篇章结构和理解作者写作意图；（3）复述全文后，根据内容提示，小组合作进行口头作文。最后，布置作业。

2. 问题诊断

初始教学设计完成后，教师在备课组展开了说课，让备课组对教学设计进行问题诊断。备课组教师反馈：首先，从语篇育人价值角度来看，导入部分缺乏文本语境与学生认知的逻辑关联，学生没有真正与作者“共情”，生词学习脱离语篇语境，不利于学生在实际中运用和掌握；其次，在设计主题意义下的探究活动时，第一遍阅读就要求学生从记叙文五要素出发，用自己的语言概括主旨大意，过高地预估学生的梳理概括能力；再次，探究活动形式多样化，但深度挖掘不够，未考虑到课堂用时的实际情况，教学重点不突出；最后，过多支架的搭建，导致复述活动中学生内化不足，口头输出活动的设计对学生的思维有一定的限制，学生难以实现迁移创新。

3. 反思改进

第一，在导入部分创设情境，拉近学生与文本情境的距离，激活学生对友谊的已有认知，为主题探究做好铺垫。

第二，逐步培养学生概括全文的能力，将记叙文五要素分解开，先定位“who，when，where”，再获取“what”，最后理解“why”，减轻学生认知负担。

第三，简化活动设计，重点突出基于主题意义下鉴赏文本的语言特点，分层设计写作任务，促使学生迁移创新。

（二）重构教学行为阶段（第一教学班授课）

1. 试教过程

观看集体微笑合照，引入对标题的理解。之后，结合图片运用手势动作，引导学生在句子中理解新词。读前，自由对话了解学生如何处理朋友间的矛盾，然后，引导学生观察课本插图、标题和署名，预测课本内容。读中活动：（1）分解记叙文的要素，逐步梳理语篇信息；（2）观看视频，梳理时间线索，鉴赏情绪变化词；（3）利用问题链，理解作者的写作意图。读后活动：完成教材活动3，复述故事。最后，深入探讨微笑背后的含义。基于上述的讨论，分层完成写作任务（A层，写一个改变自己生活的人或事；B层，从女孩角度描述文章发生的故事。）最后，布置作业。

2. 观课诊断

通过试教，听课教师反馈：

第一，课堂容量太大，前松后紧，无法在课堂上完成写作任务；

第二，读前，通过不同角度看待半杯水的杯子来解释文章标题的活动，脱离了语篇的主题意义，学生难以与文本形成"共情"；

第三，读中，教师没有放手让学生自己内化梳理语篇结构，导致学生应用实践的复述环节，畏难情绪重，学生在此环节的参与度不高；

第四，问题链的活动未能达成预期教学目标；

第五，缺乏思考语篇的育人价值和迁移创新活动的联系，未能让学生在真实的情境中运用所学解决实际的问题；

第六，课堂评价不足，要增加评价手段和主体的多样性。

3. 进一步反思改进

第一，导入部分要简洁，删去对标题的解释；

第二，减轻学生认知负担，引导学生先找出时间、地点、人物等关键词，再放手让学生自主梳理故事脉络和结构。

第四，关注问题链的逻辑性，更好地服务于主题探究；

第五，创设真实的情境，解决真实的问题；

第六，丰富评价的手段和主体，促进学生在评价中学习。

（三）生成教学行为阶段

Step I　Lead in

1. Watch a video about the smiling

2. Brainstorm

【设计意图】通过微笑合照导入主题，激发学生参与的兴趣。通过头脑风暴活动，谈谈自己对朋友的定义，并分享自己和好朋友初次见面之间的故事，激活学生关于友谊的词汇储备和已有的交友经验，同时引入本节课的新授词汇和短语，为主题探究做好铺垫。

Step Ⅱ Pre-reading

Guessing：What's the relationship between the girls?

Step Ⅲ While-reading

1. Read quickly and find out the main idea.

2. Read in details.

（1）Ask and answer in Para 1—2（who，when，where）

（2）Watch，read and think（如下：问题链 1）

Q1：What did Zhang Bei do at first?（Para 3）

Q2：What did the girl do one day?（Para 4）

Q3：What did the Zhang Bei do after that/now?（Para 5—6）

（3）Ask and answer in Para 7—8（如下：问题链 2）

Q1：Why did the girl smile at Zhang Bei that day?

Q2：What did Zhang Bei think of the smile?

Q3：What advice does Zhang Bei give us?

3. Read and find out the structure and clues of the text.

4. Retell the story.

【设计意图】面向立德树人的课程理念，开展基于主题意义下的探究活动，引导学生形成正确的人生观和交友观。①分步以记叙文五因素为抓手，引导学生自主获取和梳理语篇，了解语篇表层意义。②结合第一个问题链，对比分析张蓓在女孩对她微笑前后的行为和情绪不同以及背后的原因，引导学生向女孩学习和思考：假如身边人有类似张蓓的经历，我们应该如何帮助他们？③结合第二问题链，进一步深入语篇，引导学生思考作者的写作意图。通过文章，作者意在鼓励那些有类似经历的人，要学会打开心扉，积极乐观地面对生活。

Step Ⅳ　Post-reading

Have a Discussion：李华进入新学校，感觉不适应，很孤独，假如你是他的老师、同学、父母或是他自己，你会如何帮助他？

【设计意图】创设真实情境，从不同的人物身份角度，运用本节课的主题意义去解决生活中的真实问题，提升自己并帮助他人，落实英语学科核心素养。

Step Ⅴ　完成学生阅读自评表格（如下）

Items	Great	Just OK	Try harder
I can read a story of smile to change one's life with wh-questions.	☆☆☆	☆☆	☆
I can describe events of the story in time order.	☆☆☆	☆☆	☆
I can care and help others even myself to solve the problem with a smile.	☆☆☆	☆☆	☆

【设计意图】“评”是为了促教和促学。学习结束后，收集不同层次学生的课堂学习效果，能够为教师日后教学改进和补救提供参考，同时促进自我反思学习过程，改善学习方法。

Step Ⅵ　Homework

写一份关于如何帮助新同学解决在新的环境遇到的困难的发言稿。

【设计意图】写作任务既是课后作业也是评价任务。评价不仅在课堂中，还可以通过课后作业考查学生知识的增长、能力的提升、经验的丰富等情况，全面评价学生的发展，体现迁移创新。

三、教学反思

读写课是初中英语教学的主要课型。通过这节课的教学，教师对如何基于主题意义下设计和实施深度阅读教学有了清晰的思路。反思如下：

1. 研读语篇，把握教学设计的方向

从what，why，how三方面进行语篇分析，确定文本的主题意义，从而设计合理的教学活动。如基于主题下的导入活动，不仅能够激发学生的阅读兴趣，引起读者与文本的“共情”，形成阅读期待，还可以让学生自然地在主题语境下学习重点单词和词组，改变学生孤立学习语言知识的现状。

2. 设置有梯度的主题意义探究活动

主题意义下的探究活动是以学生为主体的主动发现与学习的过程，需要遵循学生的认知规律由表层逐步走向深层的学习过程。围绕学生设计合理的递进性活动，发挥问题的导向功能，引导学生从多角度，多层次探索文本的主题意义，培养学生的思维能力。

3. 开展多样化的主题意义应用活动

输出任务要深化学生对主题的认识，创设真实情境，引导学生学会迁移，结合主题对学生进行情感教育，也可以设置写作任务，实现对阅读主题的内化、吸收和迁移转化。

（江门市江海区景贤初级中学　郑丽斌）

基于思维品质培养的初中英语阅读课堂教学实践

——以外研版八年级下册Module 7 Unit 2阅读课为例

一、课例背景

本课例是江门市教育科学“十四五”规划2021年度课题——“基于思维品质培养的初中英语阅读课堂教学策略实践研究”的研究课例。本课题研究目标是以培养学生思维品质为主题，探索出适合校本学情和教情的初中英语阅读课堂教学策略，增强英语阅读课堂教学效果；更新教师教学观念，改变教师的教学行为，从培养核心素养、思维品质出发，在阅读中培养学生思维品质，提升学生英语阅读素养及语言综合运用能力，以点带面，最终促进学校教育教学质量的全面提升。

二、教学分析

（一）教学内容分析

本课例教学内容为外研版初中英语八年级下册Module 7 Summer in Los Angeles Unit 2 Fill out the form and come to learn English in Los Angeles! 的阅读课。本阅读语篇内容为一则美国洛杉矶面向非美籍中学生开设的暑期英语课程的宣传推文，模块主题为Language learning(Studying abroad)，属于“人与自我”范畴。本阅读语篇具有显著的应用文语言特色，主要承载谈论未来学习计划和活动、并列复合句等语言知识运用，作为本模块的阅读课，同时还承载了“以读促写”的话题写作学习任务，教材把本模块读写技能目标描述为三个内容，一是reading for special information；二是match headings with paragraphs；三是writing a description of a Chinese language course with prompts。

（二）学情分析

本课例的教学对象为八年级学生，虽然相当一部分学生来自农村，但对课外课程学习，如夏令营、兴趣班等都有相关的生活见闻，但应该都没有国外夏令营式综合课程学习的见闻，因此本话题情境既“熟悉”又“陌生”，这样的信息沟能引起学生较浓的学习兴致。另外，并列复合句对八年级下学期的学生来说是旧知新学，不存在严重的语言知识障碍，但如何用英语撰写一篇能吸引人的暑期课程宣传推文，需要学生在阅读过程中领会作者写作意图，体味特色语言，构建写作思路与框架，这一系列的学习活动是从学习理解到应用实践，再到迁移创新的思维过程，需要老师巧妙设计进阶式的学习活动，逐步为学生搭建学习与思维的上升阶梯。

（三）教学目标

1. 语言能力：学习并在阅读过程中理解本课新词汇、新表达法的运用；能读懂作者写作意图及语篇段落大意；能通过阅读，分析归纳课外课程宣传推文的主要内容框架及语言特点，积累话题词句等有用表达法；迁移创新，根据本课所学内容，初步构思中文夏令营课程宣传推文。

2. 文化品格：通过阅读，了解英美等西方国家课外课程学习方式，对比中西方差异，增长见闻，开阔国际视野，逐步树立跨文化学习意识。

3. 思维品质：通过理解、分析、比较、归纳、迁移、创造等系列思维活动，完成阅读（读写）任务，逐步训练逻辑思维、辩证思维与创新思维。

4. 学习能力：通过自主思考、同伴互动、小组合作等方式完成本课的阅读（读写）学习活动，感悟学习理解、应用实践、迁移创新三个维度的学习活动（方式），逐步提高学习能力。

（四）教学重难点

1. 能通过阅读，分析归纳课外课程宣传推文的主要内容框架及语言特点，积累话题词句等有用表达法。

2. 根据本课所学内容，迁移创新，初步构思中文夏令营课程宣传推文。

3. 通过学习活动设计，引导学生开展理解、分析、比较、归纳、迁移、创造等系列思维活动。

（五）教学设计思路

以summer courses为话题主线，通过Free talk引入话题并初步唤醒学生话题背景知识及相关生活体验，以英语学习活动观为学习活动设计原则，设计学习理解、应用实践、迁移创新三个不同维度的阅读学习活动，引导学生的思维，带领学生通过自主学习、同伴互动、小组合作学习等方式，一步一攀登，实现从基于语篇的学习到深入语篇的学习，甚至是超越语篇的学习，逐步达成既定教学目标。

三、主要教学过程

Step 1 Pre-reading

Free talk：

Q1：What summer courses have you ever taken part in?

Q2：What and how did you learn in the summer courses?

Q3：What do you hope to learn in summer courses?

Q4：What would you like summer courses to be like?

What about the teachers, the lessons, the after-school activities, the cost and so on?

【设计意图】围绕以上问题组织话题导入学习活动，问题的设置紧扣语篇内容，既是头脑风暴唤醒已有语言知识及生活体验，更是发散思维，引导学生对自己心目中理想的暑期课外课程各方面的条件进行思考，为阅读中的学习理解、应用实践及读后迁移创新话题写作做好初步的铺垫，话题、语言、思维均能得以激发。

Step 2 While-reading

学习理解学习活动一：Read the passage silently, choose the best answer and match the headings with the paragraphs.

The passage is ________.

a)a guide to Los Angeles b)information about English courses

c)a story of life in Los Angeles d)a newspaper story about language courses

Match the headings with the paragraphs.

a)Teaching b)Free time c)Places to stay

d)More information e)Study English with us

【设计意图】以上是教材设置的阅读学习活动，是对语篇的整体理解与把握，属学习理解类学习活动。综合分析教材内容与学情，本阅读学习活动难度系数不高，故把两个阅读任务同时放在一读活动中完成，让同学们在静悄悄的默读过程中，感知、梳理、归纳语篇主体内容，思维梯度再次攀升。

学习理解学习活动二：Read the passage again with video，put it into three parts and draw a mind-map for it.

阅读后，引导学生生成思维导图。

【设计意图】在综合分析教材内容与学情的情况下，笔者舍弃了教材里原有的阅读回答问题学习活动，改成阅读文章构建语篇思维导图的二读学习活动，是对语篇内容的进一步研读，需要教师一步步耐心地引导学生的判断、分析、归纳等一系列逻辑思维活动。这一学习活动完成，学生便会对语篇的内容、框架以及作者的写作意图有非常清晰的理解。

应用实践学习活动三：Read the passage again，and discuss in pairs for the following questions：

Q1：What are the highlights of the courses?

Q2：As an advertisement，which sentences make you feel like taking part in the courses?（Underline the sentences.）

【设计意图】作为一篇宣传推文，本语篇具有非常鲜明的语言特色，语篇中很多句子非常生动且吸引人，如：“You will love coming to Los Angeles to learn about American culture and improve your English at the same time.”“As well as leaning English，we want you to experience life in the US.”“You are certain to get the best possible experience of English learning and life in the US." "Do not wait——fill out our form and come to learn English in Los Angeles"。问题一的设置是构建思维导图学习活动的延伸，从推文中读懂该课程的亮点（吸引人的优势），从而引起学生的思考——一个怎样的课程可以吸引人？问题二——推文里的哪些句子能吸引你，让你想要马上报名？以上两个问题有效调动学生的发散、辩证、批判思维，是语篇的深入研读，带领学生更深层次地理解作者的写作意图和语篇的语言特点，属应用实践类学习活动，为后续的话题写作积累了语言、形成了思路。采取同伴互动形式，主要目的是引起思维的碰撞，让思维更活跃。

Step 3　Post-reading

迁移创新学习活动四：If you are the boss of the summer Chinese courses in Taishan, what will you offer to and how will you attract foreign students to come? Design an advertisement for it. Discuss in groups and share ideas.

【设计意图】这是教材指定的第三个学习目标，笔者加入了本土元素，在自己的家乡开设面向外国青少年学生的中文学习课程，学生对此的代入感和兴致都更浓，想法也更多，经过前面几个学习活动的充分输入，语言、思路基本上可以信手拈来，但还需调动发散、批判、梳理、归纳、想象、创造等多重思维活动，把阅读过程的所学所思迁移创新至生活，解决实际问题。采用小组合作探究学习的方式，一是降低难度，二是促进思维互换与扩容，是语言与思维的再度飞升。考虑到课堂时间有限，本活动采用口头汇报的形式呈现学习成果，且只需呈现课程设置的主要亮点（卖点）便可，课后再梳理综合成一篇完整的宣传推文。

四、教学反思

本课例作为江门市教育科学“十四五”规划2021年度课题——“基于思维品质培养的初中英语阅读课堂教学策略实践研究”的中期研究课例，在阅读课堂教学的活动设计上做出了深层次的思考与尝试，虽不是“改头换面”的变革，但在学习活动设计上却下足了心思，这也是本课题研究预设的主要创新点：优化初中英语阅读课堂教学策略与实施，开展“自上而下”的阅读教学，即从学科核心素养出发，以语篇主题意义为引领，优化设计学习理解、应用实践、迁移创新等维度的阅读学习活动，帮助学生深度挖掘语篇，引导和训练学生逻辑、推理、批判、创新等思维，变阅读为真正的语言学习应用的过程，而非“自下而上”的语言知识学习，提高学生英语阅读兴趣及阅读素养，形成深度学习，以实现为思维而教。主要归纳如下：

（一）从语篇的内容框架出发，培养逻辑思维

语篇的内容框架是指向于语篇研读中what的问题，一方面指主题及内容，另一方面指内容（信息）之间的相关性及逻辑性。教师可以从语篇的主题、内容及内容框架出发，设计提取主要信息类、分析语篇结构类、分析归纳信息类学习活动，培养学生的逻辑性思维，如本课例的导入活动及学习理解活动一和二。

（二）从语篇的主题意义出发，培养辩证思维

语篇的主题意义是指向于语篇研读中why的问题，也就是语篇传达的意义。教师可以从作者的写作目的和倡导的价值观出发，巧设问题链，引导学生读懂作者传达的主题意义，辨析并建立正确的情感态度与价值观，培养学生的辩证思维。如本课例的应用实践活动三。

（三）从语篇的语言特征出发，培养创新思维

语篇的语言特征是指向于语篇研读中how的问题，也就是语篇的文体特征和语言特点。教师可以从作者的语言呈现方式出发，巧设问题链或应用实践学习活动，引导学生体味语言的表意功能，迁移创新至实际问题，实现语言运用与创新思维的融合，如本课例的应用实践活动三及迁移创新活动四。

（台山市学业初级中学　甄玉珍）

基于学科核心素养的初中英语深度阅读教学设计

——以外研版七年级下册Module 8 Unit 2为例

一、课例背景

《义务教育英语课程标准（2022年版）》（下简称“新课标”）明确提出了英语学科核心素养的概念：“学科核心素养是学科育人价值的集中体现，是学生学习学科而形成的正确价值观念、必备品格和关键能力。英语学科核心素养主要由语言能力、文化意识、思维品质和学习能力四个方面构成。”这四个方面相互渗透、融合互动、协调发展，是所有学生应具备的、学以致用的基础性综合素养。在初中英语教学中，教师可以基于深度阅读教学，发展学生的文化意识和思维品质，提升学生的学习能力，促进英语学科核心素养的落地。本课例是基于英语学科核心素养下的一节青年教师专业发展研讨课。

二、教学分析

1. 教材分析

本课是外研版英语七年级下册Module 8的内容。本模块的话题是童话故事，要求学生读懂故事，并能用一般过去时和连接词来描述故事发生经过。短文围绕《金凤花姑娘和三只小熊》这个传统的英文童话展开，在内容和情节上是对本模块unit 1的延续。短文生动地描写了金凤花姑娘对不同椅子和床的感受，从而作出的选择，以及三只小熊回家之后发生的故事，能够激发学生兴趣。同时通过分析挖掘金凤花姑娘的行为，引导学生学会思考、养成懂礼貌和尊重他人的正确价值观。

2. 学生分析

本课授课对象为初一年级学生，他们对童话故事的阅读非常感兴趣，但对文章的深入思考比较欠缺。在知识层面，学生已经在Module 7中学习了be动词的一般过去时，同时在本模块第一单元中，学生学习了行为动词一般过去时的陈述句和一般疑问句，这些都为本课的学习奠定了基础。

3. 教学目标

通过教学活动帮助学生理解文章，建构与童话故事相关的背景知识；通过阅读活动，帮助学生树立篇章意识，注意表述的条理性，形成尊重他人和帮助他人的意识，增强学生的批判性及深层次的思维能力。

三、教学设计思路

新课标指出：深入研读语篇，把握主题意义、挖掘文化价值、分析文体特征和语言特点及其与主题意义的关联，是教师落实英语学科核心素养目标、创设合理学习活动的重要前提。教师应帮助学生深刻理解语篇，把语言学习与意义探究融为一体，实现深度学习。这里的“深入研读语篇”可以解读为“深层阅读（deep reading）”。深层阅读是一种积极思考和仔细阅读的过程。它是基于知识图谱和集成知识源，向读者提供的一种具备全面、关联和智能三个特点的全新阅读模式；是一种新的知识图谱的构建，学生在深度阅读之后形成新的知识结构（何广宁，2017）。

本文尝试构建具有可操作性的深层阅读教学课堂，努力提高阅读教学的实效和学生的阅读能力，着力培养学生的思维能力。笔者在具体实施本文教学时，将整个课堂分为三个阶段：读前活动、读中活动、读后活动。读前活动是对前一个unit的复习以及此次授课的文本预测，旨在训练学生的预判能力。读中活动包含泛读和精读，循序渐进地对语篇的主题意义进行深入理解，是整个教学活动的重要环节。读后活动是深度阅读的创新实践，是前面两个阶段的深化与运用语篇的学习活动。

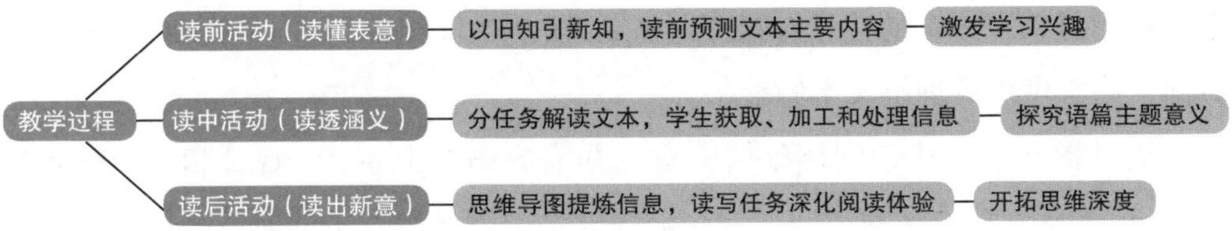

四、教学过程

1. 读前活动

（1）观看视频，以旧知引新知

课前几分钟观看视频，一方面可以活跃气氛，消除学生的紧张情绪，为学生接受新知识在心理、情绪、知识方面做好了准备；另一方面也为导入本堂课主题和学习目标做好了铺垫，学生在观看视频的过程中增强了兴趣、自信和学习动机，对即将学习的新知识充满期待。教师播放本模块中unit 1文本的配套视频，同时布置任务，让学生边看边观察，然后回答问题：“What did Goldilocks do? ”学生通过使用本模块的重点语言知识——一般过去时来回忆unit 1的故事情节并感知基本信息。

（2）导入主题，预测文本内容

预测对学生的阅读理解起着十分重要的作用，它启发学生思考、组织新旧知识的联系，促进对新知识的理解。学生复习了unit 1文本之后，笔者紧接着unit 1文本的结尾继续提问：“What happened next? ”鼓励学生展开丰富想象预测语篇，为下一个教学环节做好充分的铺垫。学生通过联系旧知作出有理有据的回答：有的学生认为Goldilocks可能会写一封道歉信因为她不经过同意吃了桌子上的饭，还有的学生认为Goldilocks会留下一些钱作为补偿然后回家……unit 2是对unit 1的延续，学生凭借已有的背景知识猜测文本内容，对新的文本进行头脑风暴，以此引起阅读期待。

2. 读中活动

（1）快速阅读文本，排序故事情节，了解故事大意

教师带领学生略读文本，通过排序故事情节的方式找出语篇的发展顺序，并把握故事的四要素：情节、话语、人物和感悟。通过这些教学步骤让学生了解故事发生的背景，故事的背景有塑造人物形象的作用，也决定了故事发展的基调和方向，为学生深度理解文本做准备。

笔者指导学生快速阅读整篇文章，并完成书本上 Activity 2和Activity 3。Activity 2为图画排序的活动，旨在训练学生把握故事发生的时空顺序的阅读策略，帮助学生理解讲故事的语言，明白故事中的主要人物、时间、地点、情节，理解故事内容，掌握语篇传达的表意内容。Activity 3句子与段落的匹配任务，此活动可以帮助学生准确理解句子意思，用关键语句纵览全文，梳理故事的情节脉络，概括故事中的主要信息。

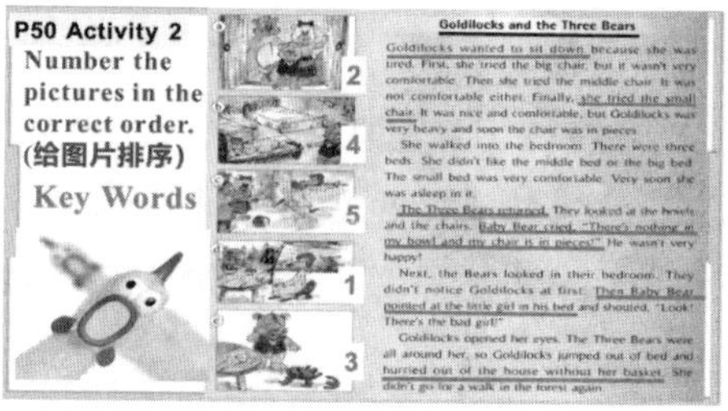

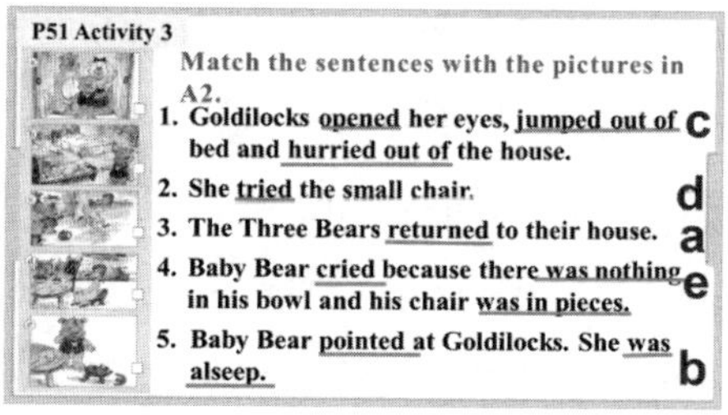

（2）细读文本，解读语篇内容，培养思维能力

基于学生已经了解文本的表层信息，教师更要融入思维的训练，深入研读语篇，设计环环相扣、难度递增的问题引导学生进行思考、推理和判断，通过已知信息或背景知识挖掘文本的逻辑关系，培养学生深层阅读的思维能力。笔者巧设问题，引导学生带着以下问题仔细阅读文本，更准确深刻地把握语篇内容。

1. Why was the Baby Bear unhappy to see Goldilocks?

2. How many chairs did Goldilocks try?

3. According to para.5, how did Goldilocks feel about the Three Bears? Why?

前两个问题引导学生对信息进行获取与梳理、概括与整合、内化与运用，

了解Baby Bear情绪的来由以及Goldilocks试坐了三把椅子最后选择小椅子的原因。这有助学生建立新旧知识的关联，联系unit 1的背景知识，反思个人面对生活中的多种选择时，要从自己的实际情况出发，作出最合理的选择，明白“You should choose what you like best”的道理，即适合自己的才是最好的。第三个问题引导学生从Goldilocks 的行为中推导人物的情感态度，让学生在情节的框架中，辨别事物发生的理由，得出某一结论，从而培养学生的逻辑性和文本分析能力。

3. 读后活动

（1）再读文本，借助思维导图提炼信息

教师在英语阅读教学中运用思维导图，是深层阅读课堂融入思维训练的有效方式。制作思维导图这一形象化的输出需要学生充分调动主观能动性，设计思维导图获取人物形象的过程可以帮助学生梳理文章细节。教师对学生提出以下问题，以期学生用思维导图构建可视框架，捕捉到人物性格特点：

1）What can we learn about Goldilocks’ character from the description?

2）What can we learn about the Baby Bear’s character from the description?

学生根据主要人物的一系列动作推断出其人物形象，体悟到语篇中或明或暗的情感，这有助于学生感悟主人公的性格特点，反思自己在实际生活中是个怎样的人，面对自己的东西被破坏时的情绪反应。学生对文本的解读略有不同，所以思维导图也多种多样。以下是一位学生制作的思维导图。

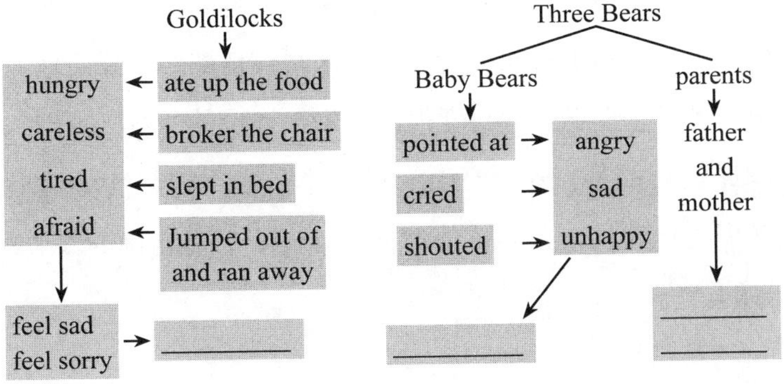

2016年，张秋会、王蔷提出，梳理、组织和整合文本信息，有助于学生建立起信息间的逻辑关系。制作思维导图让学生有一个更加清晰的思维，展示了学生对信息间逻辑关系的理解。

（2）采用读写任务，引导学生从学习理解到应用实践，再到迁移创新使用所学知识

语篇的主题意义是在个人与文本、个人与他人、个人与自我的积极互动形成的，教师要引导学生与文本深度互动，表达自己的看法和理解。评价故事结局，“对话”文本、“对话”作者是开展迁移创新的教学活动，鼓励学生与文本“对话”、与作者“对话”，从而培养学生的批判思维能力，深度挖掘语篇主题意义，成为一个有判断力、有思想的读者。改写故事结尾，可以激发学生多维度的解读语篇，对文本故事结局极具创造力的想象，最终达成深度挖掘主题意义，起到学科育人效果。教师引导学生带着以下问题再读文本，小组讨论故事的结局与改写：

1）What do you think of the ending?

2）If you were the author, can you make a new ending?

此活动设计的问题主要以训练高阶思维为主，激发学生以语篇内容为依托进行高阶思维批判。问题1“对话”文本，学生将所读语篇结合自己阅读童话故事的经验，对问题作出回应。小组讨论生成的结果主要是：故事结局意犹未尽，没有体现Goldilocks醒来以后和Three Bears之间的交集，若是讲述他们之间擦出了别样的火花就能显得故事更有趣。问题2“对话”作者，教师巧设问题情境，让学生成为故事结局的创作者。该问题情境与文本内容紧密贴合，非常自然地过渡到了超越语境的过程。由于时间设计原因，该写作任务留作课后作业。但是在口头产出过程中，笔者发现学生参与度很高，乐于评价其他组的观点，也会选择自己感兴趣的问题进行回答。这个环节有助于丰富学生的阅读体验，升华思想情感，将文化知识内化为具有正确价值取向的认知，树立正确的人生观和价值观，达到育人的目的。

五、教学反思

结合《义务教育英语课程标准（2022年版）》及《普通高中英语课程标准（2017年版）》，以核心素养为指导，尝试阅读课教学实践中贯彻深度阅读观，以提升学生的语言能力、思维品质、文化意识等学科素养。深度阅读教学在初中的阅读课中落实是非常有意义的，能促使教师转变教学方式，帮助学生发展逻辑思维能力、批判性思维能力和创造性思维能力，以学生为主体慢慢体悟语篇意义和作者的情感态度，学生会在自己的输出中有所体现。在最后的故事改写中，学生的反馈都扣住了“语言”和“人物”这两个要素，这说明他们是基于文本的理解进行创造，而不是天马行空。学生对人物的设定都较为友好，体现了语篇中的文化和育人价值。

（江门市第十一中学　钟羽君）

基于小组合作学习的初中英语过程性写作教学研究

一、课例背景

本课例是基于小组合作学习的初中英语过程性写作教学。过程性写作强调写作过程，注重学生思维能力的培养。同时小组合作学习的学习策略对发挥学生的自主性和积极性具有积极的推动作用。本课例立足于外语习得理论与外语写作教学理论，把小组合作学习与过程教学法相结合进行写作教学，指导学生以小组合作的形式体验完整的写作过程，在训练学生的英语写作技能和提高思维能力方面取得了较好的效果。

二、学情分析

（一）教学内容分析

本课例选自仁爱版英语九年级上册Unit3 Topic 3 Section C，第一课时。Unit 3的主题是English Around the world。本单元围绕着世界语言英语展开。本课的学习任务源自真实的学习生活，语言学习（Language learning）的谈论也是《义务教育英语课程标准》要求学生达到的功能意念项目之一。本节课是这个单元中的第三个话题Could you give us some advice on how to learn English well？围绕着英语学习策略展开，以学生讨论英语学习的方法和Miss Wang对学习方法的总结为话题，主要是针对英语的学习障碍提出了建议。本课的重点确定为读懂语篇，掌握有关英语学习方法的词汇和句型并能谈论更多的学习方法。难点是语言学习话题的写作。本课通过英语学习话题语篇阅读的输入，学生在语篇中学习相关词块，为学生的写作做好语言知识和话题的充分准备，而且为学生的写作提供范例，从而激发学生的写作意识，通过小组合作学习参与英语学习话题过程性写作的实践，提高学生的写作能力。

（二）学生分析

九年级学生经过几年的英语学习已经掌握了基本的学习方法，能够认识到自身学习现状和不足，但是学生的情况两极分化严重，不能得到均衡发展。一部分学生能够认识到学习的重要性，具有一定的学习自觉性。但随着年龄的增长，大多数学生不爱参与课堂活动，学习主动性差，欠缺合作精神。

英语写作能力是初中英语教学中的一项重要内容。然而，从目前的初中英语写作教学现状来看，学生难以形成良好语篇写作技能和意识。而教学实践中关注以交际理论为基础的过程教学法，把重点放在写作的过程上，而不仅仅是写作结果上，对全面提高学生的写作能力起到了重要的推动作用。同时，把小组合作学习运用于过程性写作教学法，把写作的重点从写作结果转移到写作过程上，使原有的孤立的写作过程转变为合作的写作过程，以提高写作教学的有效性。基于此提出把小组合作学习和过程性写作融入英语写作教学的策略。

（三）教学目标

1. 语言知识：掌握英语学习方法的相关词汇与句型。

2. 语言技能：

（1）能够读懂关于英语学习方法及建议的文章并获取细节信息；

（2）能够谈论英语的用途并提出英语学习的建议；

（3）能够用书信的方式询问并给出英语学习建议。

3. 文化意识：

（1）通过学习，理解西方人如何提出建议；

（2）对照自己生活中相关经历，学会恰当地征求和提出建议。

4. 情感态度：

（1）有学好英语的信心，大胆用英语进行交流。

（2）乐于参加课堂活动，小组活动中积极与他人合作，共同完成学习任务。

（3）对英语有更深的了解，能体会英语学习的乐趣。

（4）教学设计思路

本课针对初中英语写作教学中存在的问题，结合仁爱版英语教材特点，提出了把小组合作学习和过程性写作融入英语写作教学的教学思路。

小组合作学习是指使学生在小组中从事学习活动，并依托他们整个小组的成绩获取奖励或认可的课堂教学技术。过程写作法强调写作是一个创作的过程。这个过程大致可以分为以下几个阶段：写作前准备、草稿阶段、修改阶段、编辑阶段。通过一节写作课，把小组合作学习融入于过程写作法的各个阶段，借助现代化多媒体教学设备，丰富课堂教学活动，激发学生对写作的兴趣。

三、课例反思过程

（一）初始教学行为阶段

【教学过程】

在第一次课试教中，以学生分组谈谈英语学习的障碍与解决方法为导入；呈现课文内容，阅读并完成判断题及找出话题写作的词汇、句型；导入话题写作框架，小组合作列提纲、写初稿；教师点评若干篇学生作文并总结写作策略；修改初稿，写出第二稿。对本课的初始教学行为阶段进行研究反思，发现两个突出的问题：一方面过程性写作教学过于流程化，课堂效率不高，没能真正使学生写作思路清晰，反而增加了对写作困难的忧虑，导致学生写作的产出质量不理想。另一方面小组内学生互动合作不多，各顾各写作，好的学生写完没事可做，学困生却无从下笔。因此，小组合作学习在写作教学中的具体运用需要调整，要使学生积极参与课堂活动，服务于过程性写作教学。

【教学建议】

明确过程写作各个阶段的具体教学任务，整节课贯穿“写作前准备阶段的合作学习——写作中的合作学习——写作后批改阶段的合作学习”的实施。

1. 写作前准备阶段的合作学习。使用游戏教学方式，引入小组竞赛、趣味性复习并使用英语的核心词汇，起激活词汇和导入话题的作用。

2. 写作中的合作学习。在草稿阶段，学生在合作获取、整理观点并拟定提纲的基础上，学生开始写初稿。在修改阶段，要求学生根据所提供的写作框架，修改自己的作文。

3. 写作后批改阶段的合作学习。给出中考作文的评分标准表格，组织学生进行小组内互评，每个批改者根据评分标准的成绩，进行打分。

（二）重构教学行为阶段

【课堂变化】

把导入环节改为观看英语演讲短片，为引出话题做准备。树立学习英语的成功榜样，激发学生学习英语的兴趣。写作前准备阶段的合作学习中，使用头脑风暴、幸运大转盘游戏等活动教学，引入小组竞赛丰富写前准备阶段的学习，令小组学习气氛浓厚。另外呈现班内两学生讨论英语学习的书信，在书信中填写话题写作词块。书信的词块填写，为学生提供写作范例，提纲模板为学生搭建写作脚手架。在写作中的合作学习，重组学习小组，明确分工，学习小组在草稿阶段落实互帮互助，及时解决写作中的困难。一改之前组内“各自为政”的状态。在修改阶段，给出中考作文的评分标准表格，使修改阶段、互评阶段小组合作学习有章可循。

经研究反思，仍有不足之处。如写前准备阶段的教学活动耗时过多，导致学生写作时间不得不压缩，也导致学习小组在作文互评阶段没能充分展开讨论。写后阶段，教师点评学生作文的面不够广，点评的指导作用未能全面涉及各层面的学生。

【教学建议】

1. 周全地设计小组合作学习的任务，使过程写作的各阶段收到切实成效。充分利用课文内容作为写作范例，因此删除两两对话活动等几个机械重复性的教学活动，让学生集中精力于写作的评价过程。

2. 改变作文修改阶段的具体实施方法，由学生独立修改改为小组“答辩”

的方式。组内学生轮流就自己的作文接受其他组员的提问并进行答辩。提问主要涉及作文的内容结构和语言两大方面。

3. 增加教学的拓展和延伸，使教学内容得到升华，旨在培养学生的英语核心素养。

（三）生成教学行为阶段

仁爱版英语九年级上册Unit3 Topic 3 Section C具体教学过程：

Step 1 导入阶段

教师活动：播放马云的英文演讲视频。

学生活动：观看英语演讲短片。

【设计意图】通过英语演讲短片，为引出话题做准备。树立学习英语的成功榜样，激发学生学习英语的兴趣。

Step 2 写前阶段

教师活动：

1. 组织学生进行头脑风暴。

2. 出示话题的思维导图。

3. 呈现课文内容，布置阅读任务。

4. 重温课前布置的写作题目和要求。

5. 给出提纲模板、写作框架。

6. 教师给出评价标准，布置小组“答辩”活动。

7. 指导学生完成文章条理性训练。

学生活动：

1. 小组合作梳理英语学习听、说、读、写的词块。思考获取观点、把零散的信息进行归纳整理。

2. 阅读课文后，完成信息归纳表格。

3. 再次读题，结合提纲模板、写作框架，根据作文评价标准，用小组“答辩”的方式，提问作文的内容结构和语言。

4. 学生边读文章边填上适当的连接词和过渡语。

设计意图：

1. 激活写作词汇。

2. 就学生课前写好的未经指导的原生态作文展开评价，能给学生提供真实的案例，进行有效的评价，为写中阶段做好铺垫。

3. 在“答辩”中，提问者提问的过程就是帮助答辩者反思自己的写作，有效化解作文的内容结构和语言的错误。

4. 文章条理性训练，增加语篇衔接意识。

Step 3　写中阶段

教师活动：

1. 当堂检测：布置学生当堂完成同一话题的新写作任务。

2. 给出作文评价量表（见下表）。

作文评价量表

总　分：6+6+3=15	A 同学	B 同学	C 同学	D 同学
6 points for：Clear main points（要点齐全）				
6 points for：Wonderful language（拼写、时态、人称、语法……）				
3 points for：Fluency 流畅性（关联词，段落）				
得　分				

学生活动：

1. 学生完成同一话题的新写作任务。

2. 运用网络技术，小组合作在电脑上列提纲，写初稿。

【设计意图】

1. 给出中考作文的评分标准表格，使修改阶段、互评阶段小组合作学习有章可循。

2. 把信息技术与过程性写作教学有效的结合，既能方便小组合作学习资源共享，取长补短，又能提高课堂效率。

Step 4 写后阶段

教师活动：

1. 教师网上点评学生作文。

2. 播放视频《语言的力量》。

学生活动：

1. 学生自我修改作文，小组内互评作文并打分，上传作文班级网站，给自己认为最佳的作文写评论并点赞。

2. 观看视频《语言的力量》。

【设计意图】

1. 创新小组合作学习的形式，学生身心投入，从而获得积极的情感体验。

2. 视频是本节课学习内容的升华，懂得英语这种语言对于自己幸福人生的价值体现、给予他人以及社会的人文关怀与帮助，是本节课的拓展和延伸。

Step 5 布置作业

教师活动：

1. 流利朗读最佳作文。

2. 重写作文。

学生活动：完成相关作业

【设计意图】巩固本课学习内容并培养学生互相欣赏、互助提高的人文素养。

四、教学反思

小组合作学习营造了民主平等的学习氛围，打破了传统教学中教师“满堂灌”“一言堂”的局面，把学习的主动权、自主权交还给了学生，让学生在合作学习活动中通过实践、反思不断完善自我，成为学习的主人。通过小组合作学习开展过程性写作教学，学生的写作能力与合作能力都发生了令人欣喜的变化。

（一）小组合作写作有利于增强学习者的自尊心和自信心

自尊心和自信心是外语学习的重要情感因素。在自尊心和自信心受到鼓励和保护的环境中，学生的外语学习的认知活动最有效。在讨论过程中，成员之间建立起一种积极的合作与竞争关系，每个人的重要性都在写作的成果以及成绩中得以体现，从而保护了每个人的自尊，同时加强了学生争取成功的自信心。自尊心和自信心的增强，使成员愿意为小组合作付出更多努力，从而取得更好的写作成绩。

（二）小组合作中的头脑风暴法有利于增加作文观点的数量和作文提纲的交互修正

头脑风暴法是写作的第一步，其质量和效果直接关系到整个写作过程以及文章质量的高低。小组合作式的头脑风暴法是一种互动状态的交际。小组成员不断进行信息交换及相互修正。这一过程有利于作文观点数量的增加，对成员所提出的不恰当的、甚至偏题的观点进行及时的纠正以避免文章在观点结构上犯严重的错误，从而保证写作的方向和质量。

（三）学生在互评中提高了发现问题的能力，发展了思维分析能力

互评是组员之间进行文字交流的活动。学生在小组互评中能放松大胆地运用已有知识对其他同学的作文认真阅读，去发现问题，找出问题存在的原因，提出个人的修改意见，这些活动为学生了解和发展不同的思维能力提供了可能，交流时各自的语言表达能力也得到了提高。互评作文也使学生更清楚地了解自己的写作水平，提高了纠错能力，在一定程度上提高了写作水平。

小组合作学习写作对教师也提出了相当高的要求。尽管是以学生为教学活动的主体，但教师在小组合作学习中承担的责任重大，起到了非常重要的引领、指导的作用，教师是否能够充分尊重学生的自主性与能动性，是否能够及时发现学生的问题并且给予有效的解决意见，教师是否能够设计丰富有效的活动提高学生的活动兴趣，是否能够确保学生明确活动的要求与评价的标准，是决定合作学习有效性的关键。

（江门市江海区外海中学　陈妙玲）

基于核心素养的初中英语中考复习探究

——以同课异构复合句复习课为例

一、课例背景

本课例是广东省初中英语骨干教师跟岗研修活动暨广东省钟燕青工作室第二批学员跟岗研修活动的展示课。两位教师选取相同的复合句复习课，以培养学生的核心素养为共同的教学目标，分别对初三同层次学生实施同课异构教学，通过展示比较，取长补短，促进教师的专业发展。

构建学生核心素养体系已成为推进课程改革深化发展的关键环节，而初中英语学科的核心素养包括语言能力、思维品质、文化意识和学习能力。课例以建构主义为依据，学生以探究主题意义为英语学习目的，在语言实践活动中通过预测、感知、分析、比较、创新、综合、概括、评价等思维活动，建构知识体系，理解文化，发展知识技能和思维品质，形成正确的人生观和价值观，发展英语学科素养。

中考复习是初中英语学习的最重要环节，是提高学生中考成绩的关键。学生通过复习，能获得查漏补缺的机会，同时完善知识网络。然而，从大多数初中英语中考复习课现状来看，传统机械式的习题训练与死记硬背考点等方法仍较为常见，不仅会加大学生的复习压力，且取得的复习效果也并不明显。同课异构比较式的课例研究有利于阐释教学的基本原理和规律，帮助教师提升教学理念、优化教学技能、完善认知结构。本文从两节同课异构的中考英语复习课入手，分析其中的亮点和不足，以探索中考英语复习的有效策略和途径。

二、教学分析

1. 教情分析

江门市初中生学业水平考试（简称“中考”）英语试题选取广东省初中毕业生英语学科学业考试试题，考查语言技能、语言知识、文化意识、情感态度、学习策略等目标要求，符合初中英语学科的核心素养。考试方式包括笔试、听说考试。笔试占总分75%，题型有语法选择、完形填空、阅读理解、短文填空和读写综合。分析2017年广东省初中毕业生英语学科学业考试大纲，宾语从句、定语从句和状语从句属于语法项目中的第14点“主从复合句”要考查的项目，其中定语从句的考查要求是能辨认出由that，which，who引导的限定性定语从句，并能理解句子意思。从广东省历年的中考真题来看，对主从复合句的考查主要体现在单选题、完形填空、阅读理解和短文填空中，当然还有在读写综合中考查，几乎涉及全部的题型。近年的广东英语中考，更侧重于在语境之中来考查语法和词汇项目，强化对学生语言运用能力的考查，更加重视构建学生的核心素养。

2. 学情分析

两节同课异构课的授课班级均是平衡班，都已经完成初中阶段新课授学习，进入语法专项复习阶段。教师A为笔者，对学生情况比较熟悉；教师B为佛山某校教师，借班上课，不熟悉上课的学生。初三的两个班都是平衡班，学生活泼好学，具备一定的英语基础知识，能记住中考考纲中的基础词汇，大部分可以用日常英语进行听、说、读、写。

3. 教学目标

（1）语言能力

学生能较好地运用宾语从句、定语从句和状语从句来进行对话和写作。

（2）思维品质

学生能识别和理解宾语从句的引导词、语序及时态；能识别和理解定语从句中关系代词和关系副词的作用和功能，能准确选择定语从句所需的关系代词或关系副词；能准确选择各类状语从句的引导词，并能识别和理解各种状语从句的时态要求。培养学生逐步形成英语使用者独有或擅长的思维方式和思维能力。

（3）文化意识

让学生接触大量的英语国家社会现象和文化背景，调动学习积极性，通过学习激发和培养学生学习英语的兴趣，使学生体会到英语的趣味和实用性，让他们成为课堂的主角，增进国际理解，形成跨文化意识和能力，建立学习英语的成就感和自信心，使学生懂得语法学习无处不在，使学生学在其中，乐在其中，并掌握一些应试技巧。

（4）学习能力

学生能在实践中运用所学的知识，培养学生分析问题、解决问题的能力，掌握英语学习的要领，养成良好的学习习惯，形成有效的英语学习策略，对英语学习有正确的认识和持续的兴趣，有积极主动的学习态度和学习动机，能够确立明确的学习目标，有主动参与语言实践的意识和习惯。

4. 教学重点

清楚区分宾语从句的引导词、语序及时态，定语从句的关系词，各类状语从句的引导词和时态。

5. 教学难点

提高学生对语法复习的兴趣和积极性，较好地掌握复合句的用法，理解复合句，运用知识点解题。

6. 教学设计思路

两节同课异构复习课的教学内容是广东省初中毕业生英语学科学业考试大纲考查的宾语从句、状语从句和由 that、which、who 引导的限定性定语从句。通过竞赛、话题游戏、创设情景，调动学生的积极性，区分清楚宾语从句、状语从句和定语从句，在游戏中复习复合句的中考考点。

7. 教学方法

复习课1：情景教学法、任务型教学、小组合作学习等。

复习课2：情景教学法、交际法、任务型教学等。

三、课例反思过程

1. 初始教学行为阶段

【复习课1 初始设计】

根据英语新课标的要求，从学生的学习兴趣、生活经验和认知水平出发，在教学中采用任务型教学，设置情境交际教学等。首先，每个环节布置一个不同层次的任务，让不同层次的学生在完成每个任务的时候获得成就感，同时不同难易的任务有效地锻炼了不同层次学生的能力。另外，设置情境交际法，尽量设置学生感兴趣的话题，让学生充分利用新学的知识。把枯燥的语法规则学习融入有趣的口语训练、交际应用当中。通过笔头训练巩固所学语法知识，达到口头、笔头的完美结合。

【复习课1 问题诊断】

本课容量大，课程导入和学生操练时间紧，课堂调控不到位，尽管完成了教学任务，但是没有达到预期的效果。比如师生互动、生生互动少，效果不理想；教师语速和展示速度偏快，没有给学生留下足够的空白时间思考问题。

【复习课1 改进建议】

经过小组讨论和反思，总结出以下改进建议：

（1）减少教学环节，精简操练题目。

（2）增加与学生的互动，加强师生交流，生生之间的交流。

（3）教师降低语速和调整课堂节奏，给予学生充足的思考时间和小组讨论的时间。

【复习课2 初始设计】

以学生为本，从“英语和我”的真实语境导入，在课堂之上，设置“学习英语游览世界”这一情景主线，在不同的著名城市中穿插不同的游戏，让学生进行小组竞赛，操练复合句。在情景之中学语法，从用中学，通过交际和竞赛通关来达到教学目标。

【复习课2 问题诊断】

课堂容量大，一节课时只有40分钟，上课内容不能完整呈现。在教学过程中有个别同学跟不上教学进度，不能完成所给任务。

【复习课2 改进建议】

根据教学目标，重新整合课堂设计。对学生容易混淆的定语从句和宾语从句，适当保留相应的练习。重新归纳状语从句的连词，给出提示框架，引导学生造句。

2. 重构教学行为阶段

【复习课1 试教效果】

欣赏歌曲，请学生分析歌词句子所出现的语法现象，导入宾语从句和定语从句，歌曲节奏欢快，学生反应热烈。采取竞赛形式，把全班分成四大组，进行知识抢答，学生积极性得到调动，思维能力、协作竞争能力得到训练。

【复习课1 不足之处】

经小组评课后，仍然发现以下不足之处：

（1）忽视学生文化意识的培养，缺乏文本的背景知识提示。

（2）作为重要教学辅助工具的黑板利用不够。

（3）缺少状语从句的练习操练。

【复习课1 改进建议】

（1）在听文本材料之前，通过图片展示，以师生对话的形式，呈现文本相关背景知识。

（2）在展示课件的同时，增加板书生成，利用黑板列出宾语从句的引导词、语序及时态，定语从句的关系词，各类状语从句的引导词和时态等重点难点。

（3）在选词造句竞赛中，适当增加状语从句的练习。

【复习课2 试教效果】

学生没能适应新教师，一开始没能及时回应老师的问题。随着课程的深入，课堂气氛越来越活跃，教学重点突出，达到教学目的。

【复习课2 不足之处】

在导入和呈现环节中，教师讲解时间过长，缺乏学生之间的交流和相互协作。

【复习课2 改进建议】

提供给学生的练习题要分层选取且覆盖面更广，最好先易后难，老师先举例，引导学生做，再进行小组活动，从而更好理解从句的运用。设计多些小组合作活动，让学生在练习中自己体验，总结知识点，教师教会学生总结知识，培养学生互帮互助的学习能力。

3. 生成教学行为阶段

教师A【复习课1】

Step 1 Warming up

T：I wonder if you like listening to music. I like songs which are funny. Now, watch and tell me what he sings? Did you hear what he sang?

S：I heard (that) he had …

T：Do you know the man who sings this song?

S：The man who sings this song is …

T：If you are free, will you listen to music?

S：No. I won't listen to music, because I have a lot of homework to do.

【设计意图】教师A创设情境，通过歌曲导入，在师生问答对话中，请学生分析句子出现的语法现象，由此导入定语从句、宾语从句和状语从句。简单但动感的视频很符合学生的口味，学习兴趣一下被调动起来，可以在欢快的节奏中引导学生轻松自然地进入语法话题。

Step 2 Presentation

1. Review some phrases.

2. Find out attributive clauses, object clauses and adverbial clauses in the passage.

【设计意图】复习文段中出现的重点词组，找出在文段阅读中出现的定语从句、宾语从句和状语从句，呈现定语从句的定义和结构，使学生加深对定语从句的结构和关系代词、关系副词的印象，归纳宾语从句的结构和关系词以及状语从句常用连词，以便在其后面的竞赛中有更好的发挥。

Step 3 **Practice**

1. Listen and complete the table.
2. Underline attributive clauses, object clauses and adverbial clauses.
3. Sum up the difference between the attributive clause and the object clause.
4. Complete the passage with that, which or who.
5. Sum up the words we can use in object clauses and adverbial clauses.
6. Finish some exercises.

【设计意图】以竞赛的形式，更好地调动学生学习的积极性，加强学生思维能力、协作竞争能力及强化团体荣誉意识。竞赛内容有从句填空、改错、中考单选题、看图造句等。贯彻由易渐难的原则，先从相对简单的题型开练，重点巩固关系词的选择。

Step 4 **Production**

Use attributive clauses, object clauses and adverbial clauses to make sentences.

【设计意图】通过选词造句竞赛，加深对定语从句、宾语从句和状语从句的理解和区分。

Step 7 **Homework:**

Finish the paper about attributive clauses, object clauses and adverbial clauses.

设计意图：教师A布置与定语从句、宾语从句和状语从句相关的练习，巩固课堂知识。

教师B【复习课2】

Step 1 **Warming up**

1. Introduce the usage of English in the world.
2. Lead to the topic English for you and me.
3. Have a competition and review the grammar.

【设计意图】教师B介绍全球使用英语的情况，引入话题“英语和我”，以“学习英语游览世界”这一主线，在不同的著名城市中穿插不同的游戏，让学生进行小组竞赛，操练复合句，先到达伦敦的那组为胜者。

Step 2 Practice

Game 1：Challenge your memory

The girl：Can I watch TV? Is there a superman? Do they have candy?

What did the girl ask?

The girl asked ______________________________

The girl asked ______________________________

The girl asked ______________________________

Game 2：Use your imagination

If I have some free time …

The teacher wants to talk to me，because …

I can't find my mother，so …

I will wait for you until …

As soon as he goes back home，…

I will win although …

Game 3：A guessing game

It's an animal <u>which looks like a big cat.</u>

It's a person <u>who teaches students.</u>

Game 4：Rewrite the passage

【设计意图】挑战记忆游戏，帮助学生使用宾语从句将直接引语变成间接引语。发挥想象游戏，根据提示用状语从句在限定的时间内造最多的句子。猜词游戏，用定语从句描述词语，增强学生的学习兴趣，准确掌握考点。通过竞赛游戏，引发学生独立思考和主动探究，巩固定语从句、宾语从句和状语从句的知识，发展学生创新能力。

Step 3 Homework

Try to use the clauses to rewrite a passage.

【设计意图】使用本课所复习的几类从句改写导学案上的文段。

四、教学反思

1. 异中求同，从两节复合句复习课看共有的亮点。

两节课教学目标的达成都显得妥帖自如，课堂精彩不断，高潮迭起。巧编练习，重视指导学生，抓住重点复合句的重点难点，层层展开教学，让枯燥无味的语法教学变得生动、容易理解。

2. 同中求异，从两节复合句复习课看各自的特色与不足。

从学生方面来看，复习课1 除了完成教材中的练习外，还设计了区分定语从句和宾语从句的小组合作的练习，进行小组间的竞赛。根据中考考查定语从句、宾语从句和状语从句的要求，加入了几道中考单选真题给学生做，锻炼学生听说读写英语的能力。复习课2把枯燥的语法学习融入有趣的口语训练中。主要侧重在训练学生的英语口语，训练了学生听说读写英语的能力，更好地提现了师生之间相互尊重、平等相处的朋友关系。

从教师方面来看，两位教师都能紧扣英语中考要求，结合学生实际的需要，创造性地改编教材和题目，具备教材的分析研究能力。例如，教师A主要是以学生、教材内容和教学目标为中心，紧贴中考要求，设计练习，以小组竞赛的形式，指导学生抢答题目，所有的题都是有关定语从句和宾语从句的理论知识。教师A的教学没有脱离生活实际，有时速度偏快，应该留下足够的空白时间给学生思考问题。教师B的设计主要是以学生、师生和教学目标为中心。在游戏竞赛环节中，补充了很多课外知识，通过阅读、听说和写作练习，实际操练定语从句、宾语从句和状语从句，新鲜刺激的竞赛练习，让学生都能轻松完成，学习兴趣一次又一次地被调动。教师B从介绍自己开始，引导学生思考，探问从句的句式，在机械操练与意义操练的交替中提升学生的学习技巧，应同时关注语法细节，确保学生不出明显的差错，还有应该注意时间的控制，才能达到预期的效果。

（江门市第一中学景贤学校　李英颖）

后 记

“课例反思导向下初中英语教师专业发展的实践研究”是广东省教育科学“十三五”规划2017年度中小学教师教育科研能力提升计划重点项目（批准号为2017ZQJK023），是广东省钟燕青名教师工作室依据广东省教育厅对省级骨干教师培养对象入室（省名教师工作室）研训的要求申报的室本研修项目。本室以项目为驱动，积极开展基于“三段式”课例反思推进研究促进教师专业发展的实验，构建并探索初中英语教师学习与发展双向合作研训模式，以切实提高工作室团队、区域学校中青年教师的教学教研能力和学科专业素质为目标，取得了一定的实践性成果，受到同行的借鉴和认可。

本项目于2021年申报江门市基础教育教学成果奖，获评一等奖。

一、研究历程

本项目自2017年立项以来，一直在研究与探索中走深走实。如何让入室学员在专业学习的“最近发展区”内能快速发展，项目组做了大量前期调研和实验。虽然本项目至2020年1月完满结项，但至今仍应用于广东省钟燕青名教师工作室的研修管理体系中，我们将继续完善和补充成果，并对该成果进行积极的推广。

1. 通过理论学习，提升专业理论水平

教师专业发展是指教师在整个专业生涯中，通过知识学习、技能训练、自我

反思等各种途径，不断提高专业知识、教学技能和自身素质，完成自我实现的专业成长过程。教师专业发展是提高教师素质、确保学生发展和教育质量的唯一有效途径。作为骨干教师专业成长的培训基地，工作室如何在有限的研修时间内快速地补充和更新教师的专业知识，提升教师的专业能力，我们有必要开展课例反思的研究。

2. 多渠道聆听专家讲学，为教师赋能

从胜任到优秀、从优秀到卓越，一位教师要走向卓越，仅有第一次专业成长是不够的，更重要的是第二次的自我专业成长。项目组以“请进来，走出去”的研修方式，邀请专家名师到工作室为研究团队答疑解困。从理念到教学设计，从课堂实施到课外活动的开展，教学研究从微课技术到微课制作，从论文选材到论文撰写、发表，从问题到课题，从浅层教学到深度教学，让教师们在不断突破专业“瓶颈”，积累教学实践经验的同时，努力学习更多的教学理论知识。正是在这种吸收内化、反思修正的过程中，让教师们快速成长。

3. 广泛学习，拓展专业知识和技能

教师专业成长不但要有丰富的基本专业知识，还要通过学习不断接受新知识、完善新技能，这样才能适应不断变化的新时代的教学要求。因此，项目组通过订阅教育教学报纸、杂志，阅读书籍及开设专题讲座等进行自学或群学，定期集中研修、开展沙龙式汇报，更新理念，提高实验教师的反思能力和理论理论。

4. 根据项目研究计划，积极开展“课例反思”研讨（如图1所示）

（1）聚焦课堂，纾困解惑

依照项目实施的技术线路——个人反思、同伴相助、专家引领（专业引领），项目组邀请名师开展示范课或邀请专家入室展开课堂诊断，结合专家意见和建议及时调整课例反思的研究方向；组内开展研磨课、同课异构等，有针对性地进行集体备课、听课、评课，互相学习，共同提高。课例反思研究的理想境界就是笃信课堂没有最好，只有更好。

（2）基于课例反思，拓展专业技能

通过前期的问卷调查发现，当前的英语教师无论是在个人专业发展或是群体专业发展上，都较过去积极主动。有别于常规教研活动，本项目开展课例反思研究，都有明确指向的研究问题或主题，且有基于问题解决的教学设计，观课过程聚焦于发现问题，课后开展着眼于问题解决的交流与互助，反思强调新课程理念指导实践，强调问题解决和行为跟进。

（3）不断反思，提升学习、研究能力

项目组积极参与各类各项教科研评比活动，努力提高自我教学水平。如团队成员每学年都参加“一师一优课”晒课活动、写好一份课例反思、撰写一篇教学论文、做好两个微课，积极参与学校备课组成果的编撰等。通过活动的参与，实验教师在对教育教学工作的不断思考感悟中，总结与提炼自己的工作经验和教育智慧。

（4）示范引领，推广交流

项目组负责人在示范引领过程中起了很好的带头作用，积极参与省市级的“走进乡村”教育活动，主动承担项目的实验与推广重任，通过实践，从而验证项目的有效度和认可度。同时，项目组也定时开展送课下乡或区、市、省级工作室联动交流，把相对成熟的课例推广交流，为学校及区域性学科教师搭建了专业成长的平台。

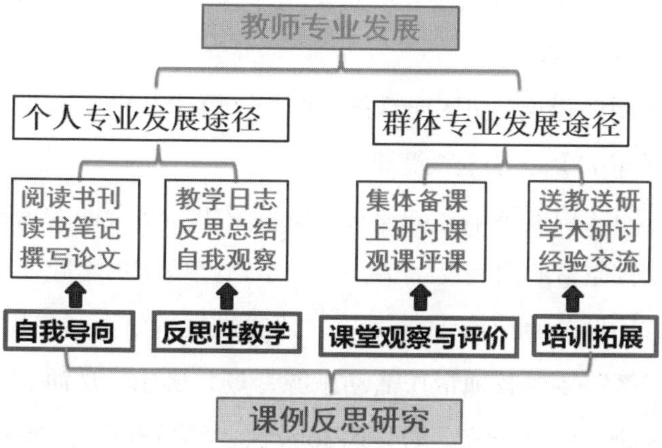

（图1）

二、主要研究成果

本项目通过工作室团队的研究与实践，取得了一定的成效及成果。团队教师积极参与各级各类教学教研评比活动，屡传佳绩，先后共获得158项奖项或表彰，其中省市级以上获奖或表彰达115项。主要有集体荣誉4项、省级微课制作7项、示范带学、送教送研、专题讲座、研讨交流等共54场次、省市级“优课”10节（“部优”1节、“省优”4节）、各级课题研究10项、论文发表或获奖38篇、其他业绩成果24项、各级个人荣誉13项。

1. 专注专业成长

（1）本成果实验项目“课例反思导向下初中英语教师专业发展的实践研究”，结项评定等级为“良好”；江门市第十一中学也因此项目获评“广东省基础教育研究实验基地学校”（2018—2021年），已结项。

（2）广东省钟燕青名教师工作室团队参与由省教厅组织开展的初中英语微课资源制作及出版活动，顺利完成六个微课的制作并出版，省教育资源平台可供下载共享；主持人参加“2020广东省义务教育英语教学资源征集活动”，所制作的微课获评省级“优秀作品”。

（3）工作室每年全员参加“一师一优课”晒课活动，其中课例获市级“优课”5节，“省优”4节，“部优”1节。

（4）工作室团队返岗后积极开展各类基于课堂教学的课题研究7项，其中6项已如期结项，1项在研。

（5）工作室团队返岗后积极撰写论文共37篇，其中发表9篇，省市级获奖22篇。2020年送审11篇，更有7篇获省级奖。

（6）工作室团队积极每年全员参与“课例反思”实验课的探究，撰写多篇课例反思，完成比较完整的课例反思集，现已申请经费著书出版。

（7）工作室团队认真研磨课堂教学，开展送教送研活动先后走进广西大新、湛江、革命“三区”乡村教师帮扶活动东源专场、佛山、珠海、五邑各地市各校等地开展送教送研、研讨交流活动共达36节次，学员开设专题讲座7场次等，促使课例反思的研究向纵深发展，成效备受关注。

（8）其他业绩成果有24项，其中5人参加江门市青年教师基本功比赛一等奖2人，二等奖2人，区级“工匠杯”特等奖1人，实现青年教师专业发展质的飞跃。

（9）工作室团队在本成果的推动下，实现专业快速成长。主持人先后获评“特级教师”、江门市首批“名师名医名家”、江海区优秀教师、优秀教育工作者、江门市二级人才、江门市技术应用能力提升工程2.0市级培训专家、广东省名教师工作室主持人（2015—2023年）等，并独立撰写专著《成长印记：行走至深处》一书，记录一名教师的专业成长历程，多次被江门日报广泛报道。省工作室通过省级考核（2018—2020年），评定为“优秀”；学员积极向上，先后有5人次获得县区级综合荣誉称号。

2. 成果应用与推广

（1）依托课例反思研究，主持人积极做好示范带学，先后参加省教厅及省百千万项目办组织的“走进乡村送教活动”到阳春、肇庆封开、茂名化州、梅州五华等地送教送研，与乡村教师结对子。

（2）工作室团队到广西崇左市大新民族希望中学送教送研，主持人作专题讲座《学习，一直在路上——我的专业成长》(2018)。

（3）主持人到肇庆学院为2019强师工程省级培训项目“乡村教师访名校培训班”讲学《课例反思助力教师专业成长》(2019)。

（4）工作室团队到湛江开展跨市省级工作室联合研修，主持人作《课例反思助推教师专业发展》专题讲座，同时还为北师大外文学院项目做经验交流(2019)。

（5）主持人在“江门市教育领雁教师培养项目空中学员论坛”作《课例反思实践助推教师专业发展》专题讲座(2020)。

（6）主持人在江门市2019中考英语教学与备考研讨会上作专题发言(2019)。在2020年江门市“深度学习·思维课堂”名师大讲堂系列活动中，为五邑大市一千多名初中英语教师开展线上线下研讨活动，上公开课并作专题讲座(2020)。

（7）主持人在湛江市2020年“送课下乡”系列活动中走进吴川站，执教题为人教版九年级英语Unit2 Festival的单元拓展课。

（8）主持人在江海区课题开题仪式暨教育科研培训活动作了题为《以研促教享乐课堂——我的专业成长之路》的讲座，并多次与各级名师工作室联合研修或作专题指导，效果显著。

（9）主持人担任2021年清远市清新区中考备考培训班指导专家，并作《初中英语备考策略》专题讲座。

（10）工作室团队先后两次到台山初中英语甄玉珍工作室及李小珍工作室开展联合活动，主持人作《课例反思实践助推教师专业发展》专题讲座（2018，2019）。

（11）主持人先后两次为广东省初中英语巫英名师工作室做团队专业发展的指导，推广本研究成果，受到同行们的认可。

3. 立足青年教师专业成长

项目组在做好课例反思研究的基础上，还积极帮扶青年教师的专业成长。为此，结合学校名师培养工程及“青于蓝”工程的推进，主持人还筹办了连续五届的学校“青年教师成长论坛”，通过自主研修、主题沙龙、观课品课、教学研讨、专家引领、网络讨论等方式，切实提高青年教师们的教学教研能力和学科专业素质。

近两年来，本项目主持人作为江门市江海区实验教育集团的教研主任，带领集团八校的青年教师积极开展共建共享、共融共进的联合教研活动，取得了良好效果。江海实验教育集团获评“江门市首批基础教育优质教育集团”，目前以被选送到省级评选。

4. 辐射示范

① 2022年5月24日上午，江门市“五邑名师大讲堂”系列展示活动第七场——“大单元设计下初中英语阅读深度教学实践”的研讨活动，工作室助手郑丽斌老师以外研版八年级上册Module 9 Unit 2 I believe that the world is what you think it is.为例展示了一节有深度更有温情的阅读课；开平市教师发展中心英语

教研员胡绮娜老师从“英语深度阅读的教与学”的角度对郑老师的课进行了点评；广东省名教师工作室主持人钟燕青以《大单元设计下初中英语阅读深度教学实践》为题作了专题报告；广东省教育研究院教研英语教研员王琳珊老师通过视频连线方式对本次活动进行了点评。她表示，钟老师以及其团队开展对大单元设计下初中英语阅读深度教学的探索和研究，具有积极的意义。

本场“五邑名师大讲堂”有近5万人通过网络直播平台收看，辐射至全国20个省市自治区，全市初中学校组织英语教师收看并开展研讨活动。

② 2022年8月26日，工作室主持人钟燕青老师、学员胡绮娜老师及上一轮的工作室学员张瑜芹老师在江门市教育局举办“2022年江门市中小学教师专业能力提升培训活动”中，紧紧围绕新颁发的《义务教育初中英语新课程标准（2022年版）》，从理论到实践，从课堂教学到评价反思，与全江门大市的初中英语教师深入贯彻学习新课标，钟老师作题为《新课标下初中英语单元整体教学的实施与思考》的讲座，胡绮娜老师作题为《省级新课标培训课程分享——英语新课标重要概念解读》的讲座，张瑜芹老师作题为《初中英语优秀课例说播展示》的讲座，受到江门市教研院及全体初中英语教师的一致好评。

③ 2022年10月24日，广东省教育研究院主办了“走进粤东西北（湛江）教研帮扶”初中英语学科专场活动，广东省王琳珊、庄海滨、陈迪、钟燕青名教师工作室和广东省基础教育初中英语学科教研基地项目（湛江）基地协办。名师联合研修团队以说课、课例展示、评课研讨、专题讲座等形式，完整系统地展示了主题意义引领下单元整体教学实施的路径和策略，助推新课标的落地实施。湛江市全体初中教师，广州市、肇庆市、惠州市以及江门市部分英语教师参加了本次线上研修活动。此次教研帮扶覆盖面广、针对性强、实效性好，播出至今在线人数已达1.02万人次。

三、效果与反思

（一）研究成果分析

教师专业发展是一个动态的、伴随职业生涯始终的过程，是一种渐进式的过程。教师个体专业信念、专业知识、专业能力的提升以及教师生命质量的成长需要教师不断地学习、实践和反思。

1. 隐性成果

（1）课例反思促进了初中英语教师的专业理念发展。通过两年多的实验探究，逐渐形成了稳定的团队合作教研模式，突显教师的主体性。实验教师积极、主动、创造性地学习和探究，思考自我教学形态产生的教学效果，积极发展学生的思维能力与创新能力，共研反思，强化职业意识。

（2）课例反思促进了英语教师的专业知识发展。团队互助共研意识明显加强，借助群体的力量快速成长；课程理念由原来的相对单一、固化向多元、开放、融合、生成转变，教学活动以探究、参与、合作、交流和创新多种方式有机结合，课堂氛围师生交流、生生互动，学生主动学习的意识明显加强，学习能力也逐步提高。

（3）课例反思促进了初中英语教师的专业能力发展。随着课例反思研究的推进，实验团队分析、记录教学实践中的精彩与课堂生成，从一次次的教学实践与自我反思中不断积累经验与教训，沉淀教育智慧，生成科学合理的教学设计，教学过程张弛有度，学生主动探究，形成多元评价态势。实验教师的教学设计能力、教学实施能力、教学评价能力和教学反思能力都得到了一定的提升。

2. 显性成果

（1）本项目研究成果比较全面、明显。参与项目研究的全体成员能脚踏实地地进行实践、实验和总结。

（2）研究基础扎实有序。基于省厅对工作室管理中对入室学员的学习任务清单要求而开展课例反思研究，除了完成基本的学习任务，更重要的是学员找到了提升专业能力的路径。本工作室也总结和优化了前期实验的宝贵经验和举措，从而更好地开展本项目的实践。

（3）开展课例反思研究，构建室本研修评价体系，提升跟岗研修质量。本项目的实施能面向全体，从教学设计、教学活动、教学反思到信息技术的应用、论文写作、课题研究等全方位开展，让实验教师也在自己的“最近发展区”激发潜能，突破自我。

（4）充分体现了名师工程的示范作用，促进骨干青年教师快速成长。通过本项目各种研讨活动的开展和所取得的成果，为青年教师的成长搭建了更多展示的平台，也总结了一些促进青年教师快速成长的体会和经验，对今后相关活动的开展提供较好的借鉴和应用。

参考文献

[1] 杨玉东. 课例研究的关键是聚焦课堂[J]. 人民教育，2013(7)：44–47.

[2] 周建华. 课例研究与教师专业发展实证研究[J]. 创新人才教育，2015(02)：18–25.

[3] 叶澜. 新世纪教师专业素养初探[J]. 教育研究与实验，1998(1)：41–46.

[4] 陈禄元. 课例研究——教师专业成长的新支点[J]. 教育教学论坛，2013(27)：29–31.

[5] 石敬珠，李守华. 2011. 基于重建教师专业能力进行化学课例反思的行动研究[J]. 中学化学教学参考，(7)：9–11.